Nicole Seifert

FRAUEN LITERATUR

Nicole Seifert

FRAUEN LITERATUR

Abgewertet, vergessen, wiederentdeckt

Kiepenheuer & Witsch

Meinem Vater

INHALT

ZUM SPRACHGEBRAUCH IN DIESEM BUCH

Als ehemalige Lektorin ist es mir wichtig, sprachlich genau zu sein. Ich spreche deshalb von Autorinnen, wenn nur Frauen gemeint sind, und von Autoren, wenn nur Männer gemeint sind. Wo es um Geschlechtergerechtigkeit geht, da geht es aber nie nur um Männer und Frauen, sondern auch um nicht binäre Menschen. Wo Misogynie ist, da sind ihre Verwandten Homophobie und Transfeindlichkeit nicht weit. Das Gendersternchen in Autor*innen gebrauche ich deshalb nicht nur als Platzhalter, um »Autoren und Autorinnen« zusammenzuziehen, sondern weil es sich etabliert hat, um nicht binäre Geschlechter einzubeziehen und sichtbar zu machen.

> Wenn es um Feminismus geht, spielt auch Rassismus eine Rolle, Hautfarbe ist wie Geschlecht von großer Bedeutung, wenn kulturell gewertet wird. Ein Blick in jede beliebige Literaturgeschichte beweist, dass Schwarze Autor*innen in mehrfacher Hinsicht marginalisiert wurden und werden. Anders als im Englischen gibt es im Deutschen noch kein Wort für nicht *weiße* Menschen, das nicht beleidigend oder defizitär klingt. Es fehlen Worte, die klarmachen, dass es sich nicht um biologische Trennungen handelt, sondern um soziokulturelle Unterteilungen. Um zu verdeutlichen, dass sich Schwarz nicht auf eine vermeintliche biologische »Rasse« bezieht und nicht auf eine tatsächliche Farbe, weiche ich deshalb von bisherigen rassistischen Zuschreibungen und Schreibweisen ab und schreibe Schwarz groß und *weiß* kursiv, so wie es Schwarze Autor*innen vorgemacht haben. Außerdem verwende ich für alle nicht *weißen* Menschen die Begriffe People of Color (PoC) oder BIPoC für Black Indigenous People of Color für Schwarze und Indigene Menschen.

Das Bewusstsein dafür, dass ein binäres Geschlechterverständnis unwissenschaftlich und unsere Gesellschaft auf rassistischen Strukturen aufgebaut ist, wächst. Genau wie das Verständnis dafür, was Misogynie eigentlich ist und wie sie funktioniert. In diesem Sinne ...

FRAUEN LITERATUR – ÜBER DIESES BUCH

Den Begriff »Frauenliteratur« mag eigentlich niemand. Aber benutzt wird er ständig, wenn über Bücher geredet wird – im Buchhandel, in den Medien und im Privaten. Er scheint also irgendwie notwendig oder wichtig zu sein. Dabei muss das Etikett für ganz Unterschiedliches herhalten. Mal sind Unterhaltungsromane gemeint, mal Romane, als deren Zielgruppe man hauptsächlich Frauen ansieht. Es können Romane über die Beziehung zwischen den Geschlechtern gemeint sein, und in den Siebzigerjahren meinte der Begriff außerdem feministische Propagandaromane. Margaret Atwood wurde bei früheren Lesungen so oft gefragt, ob sie »Frauenromane« schreibe, dass sie irgendwann zurückfragte, was damit eigentlich gemeint sei. »Ist *Krieg und Frieden* ein Frauenroman?«, fragt sie in einem Essay zum Thema. »Oder *Vom Winde verweht,* obwohl darin auch ein Krieg vorkommt? Und *Middlemarch,* obwohl darin noch die Conditio humana vorkommt? Könnte es sein«, vermutet sie schließlich, »dass Frauen furchtlos Bücher lesen, die unter Umständen als ›Männerromane‹ gelten könnten, während Männer immer noch glauben, ihnen fiele etwas ab, wenn sie ein paar Sekunden zu lange auf bestimmte, von Frauen sicher hinterlistig miteinander kombinierte Wörter blicken«?

Bezeichnend ist, dass es das Äquivalent »Männerliteratur« gar nicht gibt. Wobei: Entsprechende Literatur gibt es wohl, aber nicht den Begriff. Als Gegenstück zu »Frauenliteratur« gilt ganz einfach »Literatur«. Heißt das, was Frauen schreiben, fällt automatisch aus dem Bereich Literatur heraus? Dabei gibt es natürlich auch Unterhaltungsliteratur, die von Männern geschrieben wird und manchmal sogar Männer als Zielgruppe definiert. Versteht es sich nicht von selbst, dass alle Menschen, ungeachtet ihres Geschlechts, sämtliche Stilhöhen bedienen, hohe Literatur wie Kitsch schreiben und alles dazwischen, egal, um welches Thema es geht? All diese Versuche, zu rechtfertigen, warum das eine einen abweichenden Begriff braucht, während das andere das Allgemeine ist, ergeben keinen Sinn. Der Begriff »Frauenliteratur« kann eigentlich weg – deshalb ist FRAUEN auf dem Cover dieses Buches durchgestrichen.

Elena Ferrante hat in einem Interview mal gesagt, sie hätte »hoch gebildete, sehr reflektierte Bekannte, die dazu neigen, das ganze Schaffen der Frauen, ob Philosophie, Literatur oder anderes, zu ignorieren oder mit höflicher Ironie kleinzureden«. Diese Bekannten haben wir wohl alle, und wenn nicht, dann kennen wir diese Stimmen aus den Medien. Dass diese Abwertung von Autorinnen systematisch geschieht, hat die US-Amerikanerin Joanna Russ in ihrem Buch *How to Suppress Women's Writing* gezeigt, das 1983 erschien, aber leider nie ins Deutsche übersetzt wurde. Darin untersucht sie anhand zahlreicher Beispiele, wie Literatur von Autorinnen quer durch die Geschichte abgewertet und unterdrückt wurde. Sie zeigt, dass Frauen in ihrem Schreiben praktisch behindert wurden. Dass ihre Fähigkeit, zu schreiben, infrage gestellt wurde. Dass Schriftstellerinnen abgesprochen wurde, ihre

Texte selbst geschrieben zu haben. Dass sie dafür, überhaupt zu schreiben, lächerlich und verächtlich gemacht wurden. Dass die Gegenstände weiblichen Schreibens als uninteressant und wertlos dargestellt wurden. Dass die Werke von Autorinnen minder gewerteten Arten und Gattungen von Literatur zugeordnet wurden. Dass, wenn überhaupt, nur einzelne Titel oder Teilaspekte ihres Schaffens gewürdigt wurden, nicht ihr Werk als Ganzes. Und dass die Autorinnen, die es in den Kanon schafften, als Ausnahmen markiert wurden. Was dazu führt, dass weibliche Traditionslinien in der Literaturgeschichte übersehen wurden. Autorinnen wurden aus Kanon und Curriculum getilgt – auch deshalb ist FRAUEN auf dem Cover durchgestrichen.

Vierzig Jahre nach Joanna Russ' Analyse gibt es immer noch neue Beispiele für das, was sie beschrieb. Rebecca Solnit beginnt ihren 2015 erschienenen Essay *Wie Männer mir die Welt erklären* mit der Beschreibung einer realen Begegnung: Auf einer Dinnerparty wird ihr von einem Mann ungefragt ihr eigenes Buch erklärt, der es nicht für möglich hält, dass sie die Autorin dieses in seinen Augen so wichtigen Sachbuchs ist. Auch nach dreimaligem Hinweis dringt diese Tatsache noch nicht zu ihm durch. Elena Ferrante, die unter Pseudonym schreibt und sich sämtlichen Vermarktungsritualen des Betriebs konsequent entzieht, wird von vielen für einen Mann gehalten, manche glauben sogar, hinter dem Pseudonym verberge sich eine ganze Gruppe von Männern. »Haben Sie heutzutage je die Frage gehört, ob ein von einem Mann unterzeichnetes Buch in Wirklichkeit von einer Frau oder einer Gruppe von Frauen geschrieben wurde?«, fragt Ferrante die Interviewerin, die sie mit dieser Vermutung konfrontiert. Siri Hustvedt berichtet von einem Journalisten, der ihr unterstellte, ihr erster Roman sei in Wirklichkeit von ihrem Mann Paul Auster geschrieben worden.

In Rezensionen wird bis heute regelmäßig infrage gestellt, dass Autorinnen ihre Texte bewusst so geschrieben haben, wie sie sie geschrieben haben. Und genauso regelmäßig dienen Themen, die immer noch für ausschließlich weiblich gehalten werden, Kritiker*innen dazu, einen Text als trivial abzutun. Ich wollte deshalb genauer wissen: Treffen die Beobachtungen von Joanna Russ immer noch zu? Wie stellt sich das in Bezug auf die deutschsprachige Literatur dar? Behandeln Verlage Autorinnen anders als Autoren? Werden sie von Feuilleton und Medien anders besprochen? Welche Auswirkungen hat das darauf, was wir lesen? Und schreiben Frauen nun eigentlich irgendwie anders? Ist es nicht eine schlechte Idee, da überhaupt Unterschiede feststellen zu wollen, sind wir über diese Geschlechterzuschreibungen nicht längst hinaus? Oder könnte es auch eine gute Idee sein, Unterschiede festzustellen, das männliche Schreiben nicht als Norm zu betiteln, sondern eben als das, was es ist? Diesen und anderen Fragen gehe ich in diesem Buch nach, Fragen zum Thema FRAUEN und LITERATUR, denn so lässt sich der Titel auch verstehen.

KLEINE
PERSÖNLICHE
LESEHISTORIE

Als ich zwölf war, fing ich an, ein Büchertagebuch zu führen, in dem ich aufschrieb, was ich las. Auf die Idee brachte mich mein Vater, der im gleichen Alter damit begonnen und bis auf wenige Unterbrechungen auch nicht mehr damit aufgehört hatte. Sein Büchertagebuch liegt jetzt vor mir, neben meinem. Anfangs habe ich genau imitiert, wie er es gemacht hat. Beides sind schwarze DIN-A5-Ringbücher, in denen zu Beginn sehr akkurat mit blauer Tinte unter der ersten Jahreszahl – 1957 bei ihm, 1984 bei mir – durchnummeriert Autor*in, Titel und Seitenzahl stehen, daneben eine Bewertung in Form einer Schulnote. Wie mein Vater auf die Idee gekommen war, weiß ich nicht, und leider kann ich ihn nicht mehr fragen, aber er führte über vieles Listen, und ich weiß, dass ihm neben dem Überblick und der Möglichkeit, später nachschlagen zu können, auch der sportliche Aspekt an diesen Aufstellungen gefiel. Denn am Ende jedes Jahres gab es immer eine Zusammenfassung: Wie viele Bücher waren es in diesem Jahr? Wie viele Seiten? Mehr als im letzten? Und welche Bücher waren die besten?

Ein Verdacht

Zu den Lieblingsbüchern meines Vaters gehörten 1957 *Winnetou I* und Astrid Lindgrens *Kalle Blomquist und Rasmus,* zu meinen 1984 *Dolly* von Enid Blyton, Erich Kästners

Der kleine Mann und die kleine Miss, Damals war es Friedrich von Hans Peter Richter, ein vom Dachboden meiner Oma mitgenommenes Buch von Berte Bratt und *Das Buch Otto.* In späteren Jahren schrieb ich manchmal etwas mehr dazu, wie mir die Bücher gefallen haben, und in Phasen, in denen ich für Studium oder Beruf sehr viel nur in Auszügen las, setzte ich mit dem Aufschreiben auch mal aus. Mit der größte Gewinn dieser Art Buchhaltung ist heute für mich, dass ich noch nachvollziehen kann, wie ich als jugendliche Leserin von *Hanni und Nanni* über die Jugendromane der dtv-pocket-Reihe zu Christiane F. und Anne Frank kam und dann mit Umwegen über *Dornenvögel* und Sidney Sheldon zu den *Buddenbrooks* und Sylvia Plaths *Die Glasglocke.*

Viele der Bücher, die in meinem Büchertagebuch vorkommen, sehe ich noch vor mir, und ich weiß auch noch, woher ich sie hatte. Bis zur sechsten Klasse war ich sehr viel in die Bücherei gegangen. Danach zogen wir um, und am neuen Wohnort ging ich aus irgendwelchen Gründen nicht mehr in die Bücherei, sondern trug Taschengeld und Selbstverdientes in die Buchhandlung. Außerdem nahm ich mir auch immer öfter etwas aus dem Regal meines Vaters. Dort stand die Literatur seiner Zeit: Heinrich Böll und Günter Grass, Siegfried Lenz und Martin Walser, Christa Wolf und Uwe Johnson, Bertolt Brecht und Max Frisch, Albert Camus und Jean-Paul Sartre. Außerdem Klassiker wie Thomas Mann und Thornton Wilder, Leo Tolstoi und Fjodor Dostojewski. Suchte ich mir in der Buchhandlung selbst etwas aus, kam ich mit den Büchern zurück, die wir zu Hause eben nicht hatten: mit Sylvia Plaths *Briefe nach Hause,* mit Simone de Beauvoirs *Memoiren einer Tochter aus gutem Hause,* mit Fay Weldon, Alice Walker, Brigitte Reimann und Virginia Woolf. Die sehr klare Geschlechteraufteilung – Männer in der väterlichen Bibliothek, Frauen bei den selbst gekauften Büchern – kam mir damals, falls sie mir überhaupt auffiel, jedenfalls nicht komisch vor.

Auch die Tatsache, dass wir in der Schule praktisch ausschließlich männliche Autoren lasen, kam mir nicht verdächtig vor. Es schien normal, dass wir in acht Jahren Gymnasium inklusive Deutsch-Leistungskurs in den späten Achtziger- und frühen Neunzigerjahren Friedrich Schiller, Friedrich Dürrenmatt, Theodor Fontane und William Golding lasen, Bertolt Brecht, George Orwell, Gerhart Hauptmann und Gottfried Keller, Max Frisch, Wolfgang Borchert, Aldous Huxley und Carl Zuckmayer, Heinrich von Kleist, Heinrich Böll, Stefan Zweig, J.M.R. Lenz, Alfred Andersch, Peter Härtling und gleich mehrere Titel von Johann Wolfgang Goethe – aber mit Annette von Droste-Hülshoff nur eine einzige Autorin. Ich hätte damals aber auch nicht nachfragen können, warum wir nicht wenigstens einen der Herren durch eine Autorin, zum Beispiel Anna Seghers oder Ingeborg Bachmann, ersetzten. Da fehlte mir als Schülerin noch der literaturgeschichtliche Überblick.

Ein tatsächliches Bewusstsein für diese Schieflage kam erst viel später. Als eine Freundin in den Neunzigerjahren Wert darauf legte, dass wir in unserem Literaturkreis auch regelmäßig Bücher von Autorinnen lasen, fand ich diesen Fokus etwas seltsam und übertrieben, hatte aber auch nichts dagegen. Schon weil ich mich eigentlich immer besonders für Autorinnen interessiert hatte, für ihre Themen, die mich oft anders betrafen und ansprachen. Deshalb war ich auch sicher: Wenn ich nachgucken würde, womit ich mich dann in meinem Literaturwissenschaftsstudium beschäftigt hatte, würde das Verhältnis von Autoren und Autorinnen einigermaßen ausgewogen sein. Nicht, weil ich explizit darauf geachtet hätte, sondern weil ich nach Neigung gegangen war. Schließlich konnte man im Studium innerhalb gewisser Grenzen selbst entscheiden, mit welchen Texten und Autor*innen man sich beschäftigte. Ich suchte also raus, was ich an Unterlagen aus dem Studium noch hatte. Die Vorlesungsverzeichnisse gehörten nicht dazu, aber in welchen Seminaren ich Scheine gemacht hatte, ließ sich noch nachvollziehen. In der Amerikanistik schrieb ich meine Hausarbeiten über William Faulkner, Henry James, Don DeLillo, Herman Melville, Theodore Dreiser, Paul Auster, William Gaddis und Kurt Andersen, sowie über Gertrude Stein und Flannery O'Connor. In der Allgemeinen und Vergleichenden Literaturwissenschaft, meinem zweiten Hauptfach, schrieb ich über Marcel Proust, Franz Kafka, Gustave Flaubert, Charlotte Brontë, Virginia Woolf, Ingeborg Bachmann, Hannah Arendt und Rahel Varnhagen. Insgesamt elf Autoren und immerhin sieben Autorinnen – ein vergleichsweise gutes Verhältnis, das allerdings ganz sicher auf meine Auswahl zurückgeht und kaum dem Verhältnis in den Vorlesungsverzeichnissen entsprochen haben dürfte. Und was mir auch erst im Nachhinein auffällt: Kein einziges der Seminare, die sich dezidiert mit einer Autor*in* und ihrem Werk befassten, wurde von einem Mann angeboten, es waren alles Dozentinnen. Warum war das so? Ist Literatur von Autorinnen nichts für Männer?

Ein paar Erkenntnisse

Je genauer ich mich mit dem Thema beschäftigte, desto häufiger sprach ich auch mit anderen darüber. Eine Buchhändlerin erzählte mir, dass sie immer wieder mit Kunden zu tun habe, die zum Beispiel ein Sachbuch zu einem bestimmten Thema suchen und, wenn sie das Buch einer Autorin zu genau diesem Thema vorgeschlagen bekommen, fragen, ob es nicht auch etwas von einem Mann gebe. Eine Freundin, die in der Presseabteilung eines Buchverlags arbeitet, erlebt immer wieder, dass Redakteure, ehe sie sich von ihr das Buch einer Autorin zur Besprechung schicken lassen, abwinken oder gar sagen: »Ist vielleicht was für die Kollegin.« Und auch eine eigene Erfahrung gab mir im Nachhinein zu denken: Während ich an meiner Magisterarbeit über die damals frisch erschienene ungekürzte Ausgabe der Tagebücher von Sylvia Plath saß, entstand die Idee zu einer Doktorarbeit. Mir war aufgefallen, dass die Tagebücher von Virginia Woolf, Katherine Mansfield und Sylvia Plath nach dem Tod der Autorinnen alle von den jeweiligen Ehemännern herausgegeben und dabei stark bearbeitet worden waren. Alle drei Männer – Leonard Woolf, John Middleton Murry und Ted Hughes – hatten massiv in die Texte eingegriffen und sie in ihrem Sinne kommentiert. So kreierten sie ein bestimmtes Image von den Frauen, das bis heute starke Auswirkungen darauf hat, wie über die drei Schriftstellerinnen gesprochen und geschrieben wird. Ich wollte untersuchen, wie Murry, Hughes und Woolf genau vorgegangen waren, und der Frage nachgehen, welches andere Bild die vollständigen Texte vermittelten, alles eingebettet in die entsprechende Literaturtheorie.

Der Professor, bei dem ich bis dahin mehrere wichtige Scheine gemacht hatte, entgegnete mir gleich, dass er für das Thema nicht der geeignete Betreuer sei, und empfahl mich einer Kollegin.

Damals habe ich mir nichts dabei gedacht. Ich bedauerte das zwar, aber ich brannte für mein Thema und war mit der Betreuung durch meine Doktormutter dann außerdem mehr als zufrieden. Im Nachhinein frage ich mich aber auch hier: Sind Autorinnen nichts, womit Männer sich beschäftigen könnten? Warum wird alles, was Frauen schreiben, in diese »Frauenecke« geschoben, während von allgemeinem Interesse zu sein scheint, was Männer schreiben? Derselbe Professor wirkte geradezu schockiert, als ich auf seine Frage, wie mir *Moby Dick* gefallen habe, antwortete, na ja, es sei schon ein extrem männliches Buch. Eine durchaus naheliegende Perspektive angesichts eines Romans, in dem die rein männliche Besatzung eines Walfangschiffs aufgrund der Besessenheit des Kapitäns einen metaphorisch aufgeladenen weißen Wal jagt, um ihn zu töten. Eine Crew, »deren toxische Vorstellung von Maskulinität letztlich ihr Untergang ist«, wie es Kathrin Passig und Esther Seyffarth formulieren. Nichts davon hat mich angesprochen, ich konnte das Buch mit all seinen Längen nur literaturgeschichtlich lesen. Aber mein Versuch, einen *der* amerikanischen Romane in die »Männerecke« zu stellen, so wie Romane zu Themen, die sie nicht interessieren, von Kritikern oft abfällig in die »Frauenecke« gestellt werden, konnte natürlich nicht aufgehen. In diese Richtung funktioniert es nicht.

Neulich habe ich in einer Folge des Podcasts »Die Podcastin« ein Gespräch zwischen der Schweizer Historikerin Regula Staempfli und der schweizerisch-deutschen

Literaturwissenschaftlerin Isabel Rohner gehört. Darin erzählt die Historikerin, dass die Berufsberaterinnen an den Schweizer Universitäten einen Leitfaden vorliegen hätten, dem zufolge sie vor allem jungen Frauen davon abraten sollen, frauenspezifische Forschung zu betreiben. Wenn überhaupt sollten sie es Genderforschung nennen, diesen Aspekt aber möglichst tarnen. Auch sie selbst sei an der Uni immer davor gewarnt worden, sich auf Frauenthemen zu spezialisieren, weil sie so keine akademische Karriere machen könne. Die Literaturwissenschaftlerin, die sich auf Autorinnen rund um die Frauenbewegung konzentriert hat, stimmte zu. Ihre Doktormutter hätte diesen Schwerpunkt ein »Stigma« genannt. »Niemand würde einen Goethe-Forscher einseitig nennen«, so Isabel Rohner, »oder sagen: Du hast ein Stigma, du machst ja nur Goethe. Da heißt es dann: Experte.« Mehrere meiner Bekannten, die heute an verschiedenen deutschsprachigen Universitäten lehren, bestätigten diese Abwertung und sprachen davon, dass sie wegen ihres Forschungsschwerpunkts regelmäßig Spott ausgesetzt seien.

In meinem Dissertationsprojekt ging es nicht nur ausschließlich um Autor*innen,* sondern auch noch darum, wie diese von ihren Ehemännern zensiert wurden. Ich wäre nie auf die Idee gekommen, das für ein Nischenthema zu halten, auch wenn es natürlich ein spezifisches Interesse bedient – aber das haben Dissertationsthemen so an sich. Heute drängt sich mir der Verdacht auf: Hätte ich damals eine akademische Karriere innerhalb der Anglistik oder Amerikanistik angestrebt, dann hätte ich im Berlin der Jahrtausendwende über etwas anderes schreiben müssen. Aber woher kommt dieses »Stigma«, von dem Isabel

Rohner spricht, woher so ein Leitfaden, wie ihn Regula Staempfli erwähnt? Warum wird die Erforschung von Kunst und Geschichte von Frauen so gering geschätzt?

Eine Antwort habe ich bei der britischen Historikerin Mary Beard gefunden, die in ihrem Buch *Frauen & Macht* so knapp wie einleuchtend zeigt, dass die Abwertung dessen, was Frauen sagen oder schreiben, seit Jahrtausenden Tradition hat. Anhand antiker Mythen und Dramen weist sie nach, dass es in der abendländischen Kultur schon immer darum ging, Frauen in ihre Schranken zu weisen und zum Schweigen zu bringen, insbesondere, wenn sie glauben, sie hätten etwas zu sagen. Io wird in Ovids *Metamorphosen* vom Gott Jupiter in eine Kuh verwandelt und kann fortan nicht mehr sprechen, sondern nur noch muhen. Die Nymphe Echo wird damit bestraft, dass ihre Stimme nicht mehr ihr gehört und sie nur noch die Worte anderer wiederholen kann. Der Prinzessin Philomela wird von ihrem Vergewaltiger die Zunge abgeschnitten, damit sie ihn nicht verraten kann. Mary Beard zeigt, wie sich der Ausschluss von Frauen aus der öffentlichen Rede über Jahrhunderte durch die klassische Literatur zieht. Sie macht deutlich, was da eigentlich erzählt wurde, wie es bewertet wurde und wie sich dadurch verfestigte, was auch heute noch als normal gilt. Frauen dürfen wohl über die ihnen zugewiesenen Themen sprechen – das, was Gerhard Schröder später »Gedöns« nannte –, aber nicht über Politisches. Sie dürfen sich nicht in die öffentliche Sphäre, die Domäne der Männer, vorwagen und für diese mitsprechen. Andernfalls droht ihnen Verächtlichmachung und Gewalt bis hin zum Mord – ebenso innerhalb dieser Werke, wie in der Gesellschaft, die sie repräsentieren.

Die Abwertung von Frauen geschieht, wie Beard zeigt, bis heute mittels uralter Mechanismen. Um Politikerinnen abzuwerten, wird beispielsweise traditionell die »schrille«, »winselnde« weibliche Stimme diffamiert oder auch die Haare. Auch das belegt die Historikerin mit zahlreichen Beispielen aus vielen Jahrhunderten, die bis zu Hillary Clinton und Angela Merkel reichen. *Frauen & Macht* ist ein Buch, das die Augen öffnet. Weiß man erst um den historischen Kontext dieser Verhaltensmuster, erkennt man sie in der Politik und im Alltag überall wieder. Und man bekommt einen Blick für unsere völlig schiefen Vorstellungen von Geschlechternormen, an die wir aber derart gewöhnt sind, dass wir sie für richtig und wichtig, für normal und unveränderbar halten. Selbst diejenigen, die unmittelbar betroffen sind, halten das Problem oft für individuell und nicht für strukturell. Deshalb ist es auch so schwer, die Ungleichbehandlung zu benennen, nachvollziehbar darzustellen und anzuprangern. Autor*innen und Künstler*innen aller Geschlechter unternehmen es trotzdem immer wieder. Oft geht es in ihren Werken um ebendiese Mechanismen, diese Gewalt, dieses Zum-Schweigen-gebracht-Werden und Verstummen.

Ein Plan

Erst vor wenigen Jahren fragte ich mich, wie eigentlich das Geschlechterverhältnis in meinem eigenen Bücherregal aussieht. Der Literaturwissenschaftler Tillmann Severin hatte in seinem Regal alle Bücher von männlichen Autoren mit dem Rücken nach hinten und dem Schnitt nach vorn gestellt, sodass nur noch die Werke von Autor*innen* zu erkennen waren. Das Resultat war ein überwiegend weißes Regal, als Foto auf Instagram zu sehen. Ich habe den Versuch nicht nachgestellt, aber ich habe durchgezählt. Ergebnis: gut zwei Drittel Autoren, ein knappes Drittel Autorinnen. Wenn das Geschlecht nun beim Verlegen und Kaufen von Büchern wirklich keine Rolle spielte, müsste das Geschlechterverhältnis in einem Bücherregal, in dem vor allem Gegenwartsliteratur steht, dann nicht ausgeglichener sein?

An dieser Stelle kommt meist der Einwand, Frauen hätten früher ja nicht so viel geschrieben. Das dachte ich auch, bevor ich anfing, mich genauer mit dem Thema zu beschäftigen. Was daran stimmt: Es ist noch nicht so lange her, dass Frauen nicht dieselbe Bildung zugestanden wurde wie Männern. Höhere Mädchenbildung blieb bis zum Ende des neunzehnten Jahrhunderts Privatsache, und das Frauenstudium setzte sich deutschlandweit erst nach dem Ersten Weltkrieg und auch dann nur zögerlich durch. Noch in den Fünfzigerjahren war es gang und gäbe, dass Familien vielleicht den Sohn aufs Gymnasium schickten, nicht aber die Tochter. Hinzu kam: Schreibende »Frauenzimmer« waren bis ins zwanzigste Jahrhundert hinein verpönt und wurden gesellschaftlich geschnitten. Außerdem wurde und wird von Frauen bis heute erwartet, den Löwenanteil der Sorgearbeit zu leisten, was zu schlechteren Einkommensverhältnissen führt; beides ist dem Schreiben abträglich. Trotz dieser widrigen Umstände gab es jedoch immer Frauen, die Literatur geschaffen haben. Sogar, wenn sie kein eigenes Geld und kein eigenes Zimmer hatten – beides von unschätzbarem Vorteil für schreibende Frauen, wie Virginia Woolf 1929 in ihrem berühmt gewordenen

Essay *Ein eigenes Zimmer* schrieb. Sogar, wenn sie dafür morgens um fünf aufstehen oder die Nacht durcharbeiten mussten, wie es von zahlreichen Autorinnen überliefert ist. Dass so vielen Menschen auf Nachfrage kaum Namen von Autorinnen einfallen, dass in der Öffentlichkeit der Eindruck entsteht, es hätte früher nur zwei, drei bedeutende Autorinnen gegeben, hat andere Gründe.

Die Werke von Frauen geraten in Vergessenheit. Das gilt für Schriftstellerinnen genauso wie für Komponistinnen, Malerinnen und alle anderen Künstlerinnen. Sie geraten in Vergessenheit, weil so wenig dafür getan wird, dass sie in Erinnerung bleiben. Das beginnt mit der Rezeption: Autorinnen werden deutlich weniger besprochen, auch heute noch. Und: Sie werden anders besprochen. Außerliterarische Bewertungen wie das Äußere oder die Lebensumstände spielen bei Rezensionen von Büchern von Autorinnen eine ungleich größere Rolle als bei den männlichen Kollegen – immer noch (ich gehe auf beides später noch genauer ein). Diese Art der ungleichen Beurteilung legt den Grundstein dafür, dass die Werke von Autorinnen auch in Literaturgeschichten, akademischen Handbüchern und den Auflistungen wichtiger Bücher weniger vorkommen, dass sie also schlechter kontextualisiert und kanonisiert werden. Was wiederum zur Folge hat, dass ihre Werke irgendwann nicht mehr aufgelegt werden, im schlimmsten Fall auch nicht archiviert und digitalisiert. Sie verschwinden. Eine weitere Folge davon: Autorinnen werden schlechter erforscht und an den Universitäten weniger gelehrt. Das wiederum bedeutet, dass es für Redaktionen schwierig wird, zum Beispiel anlässlich des Todes oder eines Gedenktages Expert*innen zu diesen

Künstlerinnen zu finden. Also wird schlichtweg gar nicht über sie berichtet. »Nicht das Erinnern, sondern das Vergessen ist der Normalfall in Kultur und Gesellschaft«, so die Kulturwissenschaftlerin Aleida Assmann. »Vergessen geschieht lautlos, unspektakulär und allüberall, Erinnern ist demgegenüber die unwahrscheinliche Ausnahme, die auf bestimmten Voraussetzungen beruht.« Damit Künstlerinnen und ihre Werke in Erinnerung bleiben, müsste demnach aktiv etwas dafür getan werden.

So, wie es bei den Autoren der Fall ist, deren Bewunderer und Epigonen dafür gesorgt haben, dass sie nicht in Vergessenheit geraten, indem Männer Männern beharrlich Ruhm und Ehre zugeschrieben haben. Unterbleibt das – und es unterblieb, weil Literaturkritik und Literaturgeschichtsschreibung bis heute männerdominiert sind –, entsteht im Laufe der Jahrhunderte der Eindruck, Frauen hätten eben nichts Wichtiges geschrieben (oder komponiert oder gemalt). Aber dieser Eindruck könnte irreführender nicht sein. Es gibt diese Künstlerinnen, diese Autorinnen. Sie sind nur in der Versenkung verschwunden. Tatsächlich gibt es zahllose Werke einst preisgekrönter erfolgreicher Autorinnen wiederzuentdecken.

Je mehr ich mich mit dem Thema befasste, desto klarer wurde mir: Ich habe zwar sehr viel gelesen in meinem Leben, aber ich habe auch sehr viel verpasst in all den Jahren, in denen ich mich durch die Schullektüren las, durch die Bibliothek meines Vaters und die Leselisten der Seminare, in denen ich mich nach Literaturpreisen richtete und nach den Empfehlungen des Feuilletons und des *Literarischen Quartetts.* Zusammen mit dem Wunsch, wieder mehr über Literatur zu schreiben, entstand der Wunsch, nachzuholen, was ich versäumt hatte, und diese Schieflage auszugleichen. Ich beschloss, bis auf Weiteres nur noch Bücher von Autorinnen zu lesen und auf meinem Blog *Nacht und Tag* darüber zu berichten.

Mir fielen auf Anhieb eine ganze Menge Klassiker von Autorinnen ein, die ich tatsächlich nie gelesen hatte. Brigitte Reimanns *Franziska Linkerhand,* Zora Neale Hurstons *Mit ihren Augen sahen sie Gott,* Marlen Haushofers *Die Wand, Middlemarch* von George Eliot alias Mary Anne Evans, Mary Shelleys *Frankenstein.* Neben den Lücken, die ich sofort nennen konnte, wollte ich mich auf die Suche machen nach den Autorinnen, von denen ich noch gar nicht gehört hatte. Begeistert stellte ich bald fest: Verlage wie *Edition fünf, Aviva* oder *Das vergessene Buch* widmen sich seit Jahren und Jahrzehnten ganz explizit dem Werk und der Wiederentdeckung von Autorinnen. Und: Das englischsprachige Ausland ist uns weit voraus. Dort wird seit Langem und mit großem Erfolg wiederentdeckt und neu aufgelegt. Zum Teil wurden diese Bücher auch bereits (neu) ins Deutsche übersetzt. Es gab also mehr als genug zu lesen. Aber ich wollte nicht nur Altes lesen, sondern auch neue, junge Stimmen und auch Autorinnen, die mal nicht aus England oder den USA, Frankreich oder Deutschland kommen, sondern aus Teilen der Welt, die in meiner Bibliothek kaum vorkamen. Genau wie Autor*innen, die nicht *weiß,* cis und heterosexuell sind, wie das Gros meines Bücherregals – um nicht einen blinden Fleck durch den nächsten zu ersetzen. Nach Jahrzehnten, in denen ich so viel mehr Literatur von Männern gelesen hatte, wollte ich nun ganz bewusst nachholen, was mir entgangen war. Deshalb beschloss ich, zunächst ein Jahr lang nur Bücher von Autorinnen zu lesen. Das habe ich getan, aus dem einen Jahr wurden inzwischen drei, und es waren Lesejahre, die so abwechslungsreich und reichhaltig waren wie lange keine mehr.

WO
IST
DAS
PROBLEM?

Sollte das Geschlecht eine Rolle spielen bei der Entscheidung, was wir lesen? Die meisten würden wohl sagen: Nein. Wichtig ist schließlich, dass einem Inhalt und Stil zusagen, egal wer das Buch geschrieben hat. So hätte ich selbst geantwortet, aus Überzeugung, neulich noch. Bevor mir auffiel, dass Autorinnen in der Schule praktisch keine Rolle spielen, dass ihre Anzahl in jedem Kanon, den das Feuilleton aufstellt, verschwindend gering ist und dass sogar in meinem eigenen Bücherregal sehr viel mehr Autoren stehen als Autorinnen. Bevor ich den Eindruck hatte, dass Werke von Autorinnen deutlich weniger besprochen und oft gering geschätzt werden. Im Frühjahr 2018 begann ich, bei den täglichen Literaturseiten der *Frankfurter Allgemeinen Zeitung* und der *Süddeutschen Zeitung* genauer hinzusehen, und stellte fest, dass sich von den durchschnittlich drei Rezensionen meist zwei oder drei mit Büchern männlicher Autoren befassten. Stammte mal eins von einer Autorin, war die mit großer Wahrscheinlichkeit bereits bekannt und etabliert, oder der Roman hatte schon im Ausland Aufsehen erregt. Mir fehlten unbekanntere, jüngere weibliche Stimmen. Es gab sie ja, sie lagen in den literarischen Abteilungen der Buchhandlungen – warum also kamen sie im Feuilleton so wenig vor? Auch Autorinnen brauchen schließlich Sichtbarkeit, um vom Schreiben leben zu können, und eine Rezension macht sichtbar, ob sie positiv ist oder negativ. Nur muss ein Buch es in den Augen der Redaktion erst mal wert sein, besprochen zu werden. Mein Eindruck war, dass schon bei der Vorauswahl eine Voreingenommenheit herrschte, dass es alles andere als geschlechtergerecht zuging.

In meinem Familien- und Freundeskreis stieß das auf Skepsis. War das nicht nur meine selektive Wahrnehmung? Die allgemeine Einschätzung schien zu sein, dass Gleichberechtigung doch nun wirklich erreicht sei. Das war im Frühjahr 2018, als auf Twitter unter dem Hashtag #metoo bereits zahllose Geschichten von Frauen über sexualisierte Gewalt gesammelt wurden. Es ist seitdem nicht nur deutlich geworden, welch ungeheure Anzahl von Frauen von Männern ausgeübte Gewalt erlebt, auch der Gender-Pay-Gap, die ungerechte Verteilung der Sorgearbeit und stereotype Geschlechtervorstellungen sind stärker ins kollektive Bewusstsein gerückt. Inzwischen können sich die meisten darauf einigen, dass von gleichen Rechten und gleicher Verteilung in kaum einem gesellschaftlichen Bereich wirklich die Rede sein kann. Auch nicht im Literaturbetrieb und der Literaturkritik.

Um meinen Eindruck der ungleichen Behandlung von Autorinnen und Autoren im Feuilleton zu objektivieren und der Skepsis in meinem Umfeld etwas entgegenzusetzen, habe ich im April 2018 eine kleine Zählung durchgeführt. Wie viele Bücher von Autoren wurden auf den Literaturseiten der *Frankfurter Allgemeinen Zeitung* und der *Süddeutschen Zeitung* besprochen, wie viele Bücher von Autorinnen? Das Ergebnis fiel überraschenderweise für beide Zeitungen gleich aus: In der *FAZ* wie in der *SZ* wurden in jenem Monat 47 Bücher von Autoren besprochen, aber nur

16 von Autorinnen. In die Kategorie nicht binär fiel in diesem Monat augenscheinlich kein*e Autor*in, aber auch in diesem Bereich sind Bewusstsein und Sichtbarkeit seitdem glücklicherweise schon etwas gewachsen. Wenige Monate später wurde meine – natürlich nicht besonders belastbare – Stichprobe durch die Veröffentlichung einer Studie der Universität Rostock bestätigt, die im Monat März 2018 über 2.000 Rezensionen aus 69 deutschen Medien (Print, Hörfunk und TV) sozialwissenschaftlich auswertete. Die Studie #frauenzählen kam zu dem Ergebnis, dass Bücher von Männern doppelt so häufig besprochen werden wie Bücher von Frauen – und nicht nur häufiger, sie bekommen auch mehr Raum. Eine besonders aufschlussreiche Zahl: Männliche Rezensenten besprechen zu drei Vierteln Bücher von Männern und nur zu einem Viertel Bücher von Frauen. Die Rezensentinnen dagegen besprechen in ausgewogenem Maße Bücher von Männern und Frauen. Auch hier zeigt sich also: Was Frauen schreiben, scheint speziell an Frauen gerichtet zu sein, was Männer schreiben, rezipieren dagegen alle. Die Studie attestiert dem Literaturbetrieb »ein strukturell nachweisbares, geschlechterbezogenes Bias, eine Voreingenommenheit«. Das deckt sich mit den Ergebnissen anderer europäischer und internationaler Studien zu Geschlechterverhältnissen im Medienbetrieb.

Fehlende Stimmen

Aber könnte ein Grund für dieses Missverhältnis nicht einfach sein, dass es eben weniger Gegenwartsliteratur von Frauen gibt? Wie ist denn das Verhältnis bei den Neuerscheinungen der Verlage? Diese berechtigte Frage tauchte immer wieder auf. Im Frühjahr 2020 sind die Autorin und Literaturwissenschaftlerin Berit Glanz und ich ihr deshalb nachgegangen, unterstützt von zahlreichen freiwilligen Helfer*innen. Vollständig lässt sich das nicht so leicht auszählen, dafür ist der Markt zu groß, einen Anhaltspunkt bieten jedoch die Vorschaukataloge, in denen Buchverlage zweimal jährlich ihre Neuerscheinungen ankündigen. Das Auszählen einer begründeten Auswahl von Vorschauen literarischer Verlage ergab unterm Strich ein Verhältnis von 60 Prozent Autoren zu 40 Prozent Autorinnen. Das klingt erst mal undramatisch, es bedeutet jedoch, dass in den literarischen Programmen 50 Prozent mehr Bücher von Männern als von Frauen erscheinen. Sieht man noch genauer hin, ergibt sich eine deutliche Tendenz: Je höher das literarische Prestige eines Verlages, desto mehr scheint er auf Männer im Programm zu setzen. Bei Hanser waren es in diesem ausgewählten Programm etwa nur 22 Prozent Autorinnen, bei Fischer 27 Prozent, bei Kiepenheuer & Witsch 33 Prozent, Suhrkamp stand mit 36 Prozent Autorinnenanteil im literarischen Programm schon vergleichsweise gut da – auch das ist aber immer noch nur ein gutes Drittel.

Es ging uns bei der Zählung, deren Ergebnisse wir in einem Artikel für den *Spiegel* festgehalten haben, nicht darum, ob ein Verlag insgesamt mehr Autorinnen als Autoren veröffentlicht. Schon deshalb nicht, weil Frauen den Genre- und Unterhaltungsbereich traditionell dominieren, ebenso wie das Kinderbuch, eben weil dies die Bereiche sind, die den Frauen, anders als die Höhenkammliteratur, von jeher zugestanden wurden. Unsere Auszählung beschränkte sich auf diese ›Höhenkammliteratur‹, weil es uns gerade darum ging, welche literarische Wertschätzung

Autorinnen von Verlagsseite entgegengebracht wird. Und diese Wertschätzung äußert sich eben auch darin, ob ein Buch als Taschenbuch oder als gebundenes Buch erscheint, unter dem Logo für die unterhaltsamen Bücher oder im angesehenen literarischen Hauptprogramm. Das mag den normalen Leser*innen vollkommen egal sein – für Autor*innen ist es essenziell. Und zwar sowohl mit Blick aufs Renommee als auch ökonomisch, weil ihr Honorar sich aus einem Anteil am Ladenpreis pro verkauftem Buch zusammensetzt. Ob der bei 9,99 Euro für ein Taschenbuch liegt oder bei 24 Euro für eine Hardcoverausgabe, spielt also eine ganz wesentliche Rolle.

Jedes Programm, das ein Verlag veröffentlicht, ist sorgfältig kuratiert, und dabei gelten auch Sachzwänge: Welche Texte, die man verlegen wollte, hat man überhaupt auch bekommen können? Welche Autor*innen sind mit ihren Büchern zum passenden Zeitpunkt fertig geworden? Aber es gibt Spielraum. Und so wie darauf geachtet wird, dass ein Programm unterschiedliche Zielgruppen bedient und sich die Titel nicht unmittelbar Konkurrenz machen, wäre es durchaus möglich, darauf zu achten, ob das Geschlechterverhältnis innerhalb des Programms ausgeglichen und Diversität auch in anderer Hinsicht gewährleistet ist. Oder wie es Susanne Krones, Lektorin und Programmleiterin beim Penguin Verlag, ausdrückte: »Angesichts der Manuskriptfülle, aus der Verlage auswählen, [...] lügen wir uns natürlich in die Tasche, dass wir da kein 50:50 herstellen könnten.«

Manche Verlage achten in diesem Bereich sehr bewusst auf Ausgeglichenheit, andere ignorieren beharrlich, wie facettenreich die Welt ist, und bringen Jahr für Jahr die immer selben älter werdenden *weißen* männlichen Autoren heraus, sodass sich die beliebte Frage aufdrängt: Welche Gesellschaft soll das abbilden? Der Einwand »Wir achten nicht auf Hautfarbe und Geschlecht, wir gehen nur nach Qualität« überzeugt dabei nicht. Denn diese vermeintliche Farben- und Geschlechtsblindheit leugnet schlicht das Problem, dass weite Teile der Gesellschaft von den Medien nicht repräsentiert werden. Wo nachweislich marginalisiert und diskriminiert wird, sei es nach Geschlecht, Hautfarbe oder aufgrund anderer Attribute, da *geht* es danach. Ob man es wahrhaben möchte oder nicht: Wenn ein Verlagsprogramm zu 80 Prozent aus *weißen* Männern besteht, dann haben Hautfarbe und Geschlecht bei der Auswahl eine Rolle gespielt – nur eben unbewusst. Dasselbe gilt für ein Bücherregal, in dem kaum Autorinnen stehen. Was einem lange nicht auffällt, muss deshalb noch lange nicht unverdächtig sein. Bei vielen Verlagen wächst das Bewusstsein für diese Missstände wie auch die Bereitschaft, das Thema im Blick zu behalten. Und eine Umfrage, die die *Welt* nach unserem *Spiegel*-Artikel startete, hat gezeigt, dass die überwiegende Mehrzahl der Verleger*innen dem Thema offen gegenübersteht, es teils sogar »absolut richtig und erstrebenswert« findet, auf Geschlechtergerechtigkeit zu achten.

Immer noch herrschende Rollenklischees

Aus dem Feuilleton ist ähnlich Aufgeschlossenes bisher kaum zu hören, und die Art und Weise, wie dort immer noch regelmäßig über Autorinnen geschrieben wird, spricht für sich. Das Problem: Werden Bücher von Autorinnen rezensiert, spielt viel mehr Außerliterarisches eine Rolle als bei den Büchern ihrer männlichen Kollegen. Tatsächlich gibt es immer noch und immer wieder Rezensionen, die sich erst mal dem Familienstand einer Autorin widmen oder der Anzahl ihrer Kinder oder karitativen Tätigkeiten, und besonders häufig geht es um ihr Äußeres. »Beliebt ist«, wie die Autorin Tanja Dückers in einem Beitrag für *Deutschlandfunk Kultur* zusammenfasste, die verschleierte Herabwürdigung einer Autorin durch das Lob ihrer äußeren Erscheinung. »Da beginnt die Rezension nicht mit einem Satz über das Buch, sondern über das schöne Kleid oder den interessanten Lidstrich. Da wird einer Autorin gesagt, die Besprechung ihres neuesten Werks sei nur deshalb so gut ausgefallen, weil sich der Rezensent in das Foto der Autorin auf dem Buchrücken verliebt habe – anders sei die gute Kritik nicht zu erklären.«

Hervorgetan hat sich da Martin Ebel, der unfreiwillig zum Auslöser für eine so erhellende wie komische Twitter-Aktion wurde. Im August 2019 schrieb der Kritiker in einer Rezension von Sally Rooneys Roman *Gespräche mit Freunden* im Schweizer *Tagesanzeiger,* die Autorin sehe auf einem Foto aus »wie ein aufgeschrecktes Reh mit sinnlichen Lippen«. Den Autorinnen Nadia Brügger, Simone Meier und Güzin Kar reichte es an dieser Stelle. Sie beschlossen, den Spieß einmal umzudrehen, und persiflierten unter dem Hashtag #dichterdran auf Twitter, auf welche Weise so oft über Autorinnen geschrieben wird, indem sie genauso über Autoren schrieben. Der Hashtag sollte dazu auffordern, genauer hinzugucken, sich das Problem bewusst zu machen – jetzt waren die Dichter dran. Zum Beispiel Goethe:

Goethes ›Werther‹ ist, wie so vieles, Geschmackssache. Ein hysterischer Held unter Dauerbeschuss seiner Hormone ist jedoch nicht das, was wir uns unter großer Weltliteratur vorstellen.

Wie viel Wahrheit an den unter dem Hashtag versammelten Beispielen ist, machen besonders die Texte deutlich, die so tatsächlich von Männern über Autorinnen verfasst wurden. Bei dem folgenden etwa wurde nur aus einer Laura ein Lars gemacht:

Das Gesicht mit dem Näschen, dem gepflegten Mund, den regelmäßigen Zügen hätte beinahe etwas Puppenhaftes, wären da nicht diese Augen: hellgrün und hellwach. Überhaupt scheint Lars Karasek viele Gegensätze in sich zu vereinigen. Er sieht aus wie ein Junge, ist aber gerade 37 geworden und verheirateter Vater vierjähriger Zwillinge. Er wird manchmal für den Ehemann einer Fußballspielerin oder einen Charity-Typen gehalten, schaute aber bis vor kurzem als Anwalt bei der Frankfurter Großkanzlei Clifford Chance aus dem 36. Stock auf die Frankfurter Skyline. […] Nun bekommt der junge Mann mit der überraschend tiefen Stimme eine eigene Talkshow […] Hoffentlich hat dieser arglose, kommunikative, wahrscheinlich ziemlich verletzliche Mann Glück mit dieser Sendung. Hoffentlich stellt er gute Fragen und redet nicht fortwährend.

Kaum vorstellbar, dass so tatsächlich eine Frau über einen Mann schriebe – oder ein Mann über einen Mann. Nichts zeigt so deutlich wie diese einfachen Umkehrungen, wie unterschiedlich die Erwartungen an die Geschlechter nach wie vor sind, wie verfestigt, wie absurd und wie unverschämt die stereotypen Rollenklischees sind, mit denen Autorinnen zu kämpfen haben.

Die Rahmenlehrpläne der Bundesländer arbeiten bis heute massiv an dieser mangelnden Wertschätzung für Autorinnen mit, indem sie sie aus dem Deutschunterricht weitgehend ausschließen. Tatsächlich lässt sich in Deutschland nach wie vor leicht Abitur machen, ohne auch nur ein einziges Buch einer Frau lesen zu müssen. Aktuell beliebt sind neben Hermann Hesse, E. T. A. Hoffmann und J. W. v. Goethe, Daniel Kehlmann, Wolfgang Herrndorf und Saša Stanišić. Einzig in Sachsen, Bremen und Nordrhein-Westfalen ist unter den Pflichtlektüren jeweils auch ein Werk einer Autorin: *Corpus Delicti* von Juli Zeh beziehungsweise *Sommerhaus, später* von Judith Hermann.

»Bei allem Föderalismus, bei der Übergehung von Frauen sind sich alle Bundesländer einig«, hieß es im Mai 2020 im Magazin der *Süddeutschen Zeitung*. Besser als dort lässt sich kaum auf den Punkt bringen, wo das Problem liegt: »Dabei geht es bei der Frage nach der Abitur-Lektüre um viel mehr als Bücher. Es geht um Repräsentation und Vorbilder. Darum, wer mitreden darf und wer nur zuhören, wessen Geschichte erzählt wird und wessen Perspektive außen vor bleibt. Schaut man sich die diesjährigen Leselisten an, lautet die Botschaft, mit der junge Erwachsene ins Leben geschickt werden: Erzählen ist männlich, was ihr kennen müsst, ist die Welt, wie Männer sie sehen, wie Männer sie einschätzen, was ihr nachvollziehen sollt, ist, woran Männer leiden und was sie beglückt.« Die Schulen, so schlussfolgert der Autor Simon Sales Prado, setzten die Unterdrückung weiblicher Stimmen damit vollkommen wissentlich fort.

»Fragen Sie Gynäkologen!«

Es ist nun rund zwanzig Jahre her, seit Marcel Reich-Ranicki regelmäßig kundtat, Frauen könnten keine Romane schreiben, ihre eigentliche Domäne sei die Lyrik, und ohnehin müssten Frauen mit dem Schreiben aufhören, sobald sie Kinder bekämen. In einem Interview sagte Reich-Ranicki: »Man darf auch nicht sagen, Frauen können keine Romane schreiben. [...] Frauen können Novellen schreiben, wunderbar, Frauen können Gedichte schreiben. Fragen Sie mich nicht, warum! Fragen Sie Gynäkologen!« Und als 1999 innerhalb kurzer Zeit viele Debütromane von Autorinnen erschienen, reanimierte Volker Hage für einen *Spiegel*-Artikel zum Thema den Fünfzigerjahre-Begriff des »Fräuleinwunders«. Dass Frauen, und dann auch noch junge, *doch* Romane schreiben können, überraschte offenbar, ja schien an ein Wunder zu grenzen. Die Autorin Julia Franck, die in dem Artikel zwar nicht vorkam, in den folgenden Jahren jedoch immer wieder zu dem konstatierten Phänomen dazugezählt wurde, schrieb:

> *Keine der Frauen, die in diesem Artikel vorkamen und unter diesem Etikett ›Fräuleinwunder‹ subsumiert wurden, konnte je Stolz darauf empfinden! Das war natürlich das frauenfeindlichste Etikett und Siegel schlechthin. [...] Gleichzeitig erhielten wir überall auch die naserümpfenden, süffisanten, polemischen Kommentare unserer männlichen Kollegen, die sagten: ›Du bist so erfolgreich, weil du so tolle große Hochglanzfotos von dir überall in den Zeitungen hast. Du meinst doch nicht, dass die Zeitungen deine Bücher besprechen, weil sie deine Bücher toll finden, sondern weil sie*

dann auch gleich ein tolles großes Foto von dir abdrucken können.‹

Von der Annahme, dass das, was Frauen schreiben, kaum Literatur sein kann, zeugt auch die Kolumne, die Harald Martenstein veröffentlichte, als der Fachbereich Philosophie der Universität Oxford 2018 für die Leselisten eine Frauenquote von 40 Prozent einführte. In dem Text mit dem bezeichnenden Titel »Gute Nacht, Abendland« äußert Martenstein die Sorge: »Wenn sie an den Schulen demnächst Brecht aussortieren, um Rosamunde Pilcher an seine Stelle zu setzen, wäre das schade, auch für die Schülerinnen.«

Um das Offensichtliche einmal auszusprechen: Es geht ihm nicht um eine Alternative zu Heinz G. Konsalik, sondern zu Bertolt Brecht. Warum wohl nennt Martenstein nicht literarische Autorinnen wie Anna Seghers, Irmgard Keun oder Christa Wolf? Kennt er sie nicht? Wohl kaum, als studierter Literaturwissenschaftler. Aber er zieht es vor, so zu tun, als könnten Frauen nichts anderes schreiben als Liebesschnulzen. Und er weiß sich sicher aufgehoben bei einer Redaktion, die ihm das durchgehen lässt. Abzuwerten, was Autorinnen schreiben, ganz ohne Nennung eines Grundes, einfach weil sie Frauen sind, ist offensichtlich immer noch legitim.

Siri Hustvedt berichtet in einem Essay davon, wie sie den norwegischen Schriftsteller Karl Ove Knausgård in New York vor Publikum interviewte, kurz nachdem der erste Band seines monumentalen autobiografischen Werks *Min kamp* auf Englisch erschienen war. Gegen Ende fragte sie ihn, »warum in einem Buch mit Hunderten Verweisen auf Schriftsteller nur eine einzige Frau erwähnt wird: Julia Kristeva. Gab es keine Werke von Frauen, die ihn als Schriftsteller beeinflusst hatten? Gab es einen Grund für diese ziemlich erstaunliche Auslassung? Warum bezog er sich nicht auf irgendeine andere Schriftstellerin? Seine Antwort kam schnell: ›Keine Konkurrenz.‹«

Siri Hustvedt war so frappiert davon, dass Knausgård ihr, einer Autorenkollegin, in die Augen schaute und in aller Ruhe erklärte, »sie und alle anderen Frauen, die je auf dem Planeten gelebt haben, seien ›keine Konkurrenz‹«, dass sie ihn gar nicht bat, das näher auszuführen. Danach ging sie der Sache um so gründlicher nach. Sollte Knausgård tatsächlich glauben, Kristeva sei die einzige lebende oder tote Frau, die imstande ist, gut zu schreiben oder zu denken? »Das wäre absurd«, schreibt Hustvedt, und vermutet stattdessen, »dass Konkurrenz, ob literarisch oder sonst wie, für ihn bedeutet, sich mit anderen Männern zu messen. Frauen, wie brillant sie auch sein mögen, zählen einfach nicht, mit der möglichen Ausnahme von Kristeva, die, wie ich zufällig weiß, während Knausgårds Studienzeit an der Universität von Bergen der letzte Schrei und aus diesem Grund in sein Buch gerutscht war. Hätte er zu einer anderen Zeit an einem anderen Ort gelebt, hätte womöglich Virginia Woolf oder Simone Weil die Stelle der ›literarischen oder intellektuellen Frau‹ eingenommen. Knausgård ist nicht der Einzige, der Frauen als keine Konkurrenz abtut. Womöglich ist er bloß ehrlicher als viele Schriftsteller, Wissenschaftler und andere Mannsbilder, die eine Frau nicht sehen und nicht hören, weil sie *keine Konkurrenz* ist.«

Die Aussagen von Martenstein und Knausgård sind zwei Beispiele für das, was man strukturelle Misogynie nennt: die in einer Kultur historisch gewachsene, tief verankerte Abwertung von Frauen und dem, was sie tun und erschaffen. Der Literaturnobelpreisträgerin Elfriede Jelinek »fehlt in der Debatte um weibliche Kunst immer ein einziges Wort: Verachtung«. Seltsamerweise spreche es nie jemand aus, »nicht einmal Feministinnen, vielleicht weil sie es sich nicht eingestehen wollen, doch es ist bezeichnend für das, was die Frau für ihre Arbeit bekommt, auch wenn das eben nie ausgesprochen wird. Die Verachtung des weiblichen Werks.«

Ermäßigter Tarif?

Alle diese Fragen führen zum großen Thema des literarischen Kanons. Auf diese amorphe Menge relevanter Werke berufen sich all diejenigen, die für die Schullektüre zuständig sind. Er wird immer wieder herangezogen, wenn es darum geht, was Wert hat und was nicht, wer oder was dazugehört oder nicht. Literaturkritiker von Marcel Reich-Ranicki bis Denis Scheck haben es unternommen, selbst so einen Kanon aufzustellen, und auch die Feuilletonredaktionen mischen alle Jahre wieder mit. Vom *Spiegel* danach gefragt, ob und wofür es so einen Kanon heute noch brauche, antwortete Reich-Ranicki im Jahr 2001: »Ein Kanon ist nicht etwa ein Gesetzbuch, sondern eine Liste empfehlenswerter, wichtiger, exemplarischer und, wenn es um die Schule geht, für den Unterricht besonders geeigneter Werke. Die Frage, ob wir einen solchen Katalog benötigen, ist mir unverständlich, denn der Verzicht auf einen Kanon würde den Rückfall in die Barbarei bedeuten. Ein Streit darüber, wie der Kanon aussehen sollte, kann dagegen sehr nützlich sein. Jeder Kanon ist ein Produkt seiner Epoche und vom persönlichen Geschmack gefärbt. Wie er in 20 oder 30 Jahren aussehen wird, interessiert mich überhaupt nicht. Sicher ist: anders als heute.«

Zwanzig Jahre später muss man sagen: Schön wär's! Denn zumindest mit Blick auf Autorinnen hat sich bei diesen Zusammenstellungen sehr, sehr wenig getan. Reich-Ranicki nahm in seinen Kanon die Werke von 74 Autoren auf, wobei von Goethe und Schiller, Lessing und Thomas Mann, Kafka und Böll gleich mehrere dabei waren. Frauen kamen ganze fünf vor: Anna Seghers mit zwei Romanen, Annette von Droste-Hülshoff mit *Die Judenbuche* und »Gedichten«, die anderen drei schlicht mit »Gedichten« (denn das können Frauen ja nun mal am besten, siehe oben). Thomas Kerstan präsentierte 2018 in der *ZEIT* unter dem Titel »Wir brauchen einen neuen Kanon« eine Auswahl von universalem Anspruch mit den Worten: »Wenn ein Kanon ausdrücken soll, wer ›wir‹ sind, muss ein moderner Kanon den Wandel des ›wir‹ auch selbst vollziehen. Er muss vielfältig sein und demokratisch. So wie unser Land.« Bravo. Nur: Wie kommt es dann, dass unterm Strich ganze neun von einhundert Werken unterschiedlichster Kategorien von Künstlerinnen stammen? In der Kategorie »Sprache und Kommunikation« stehen zwischen Homer, Shakespeare, Goethe und zwanzig weiteren Männern als einzige Autorinnen: Joanne K. Rowling und Emine Sevgi Özdamar.

Auch Denis Scheck kommt in seinem in Buchform veröffentlichten Kanon gerade mal auf ein Fünftel Autorinnen, sodass sich die Frage stellt: Kennen die Kritiker vielleicht einfach nicht genug Autorinnen? Oder finden sie

sie nur nicht relevant? Vor knapp hundert Jahren schrieb Virginia Woolf: »Grob gesprochen, Fußball und Sport sind ›wichtig‹; die Anbetung der Mode, das Kaufen von Kleidern ›belanglos‹. Und diese Werte werden zwangsläufig vom Leben auf die Romanliteratur übertragen. Das ist ein wichtiges Buch, unterstellt der Kritiker, denn es handelt vom Krieg. Das ist ein unbedeutendes Buch, denn es handelt von den Gefühlen von Frauen in einem Salon.« Es seien eben die männlichen Werte, die obsiegten, schreibt Woolf.

Kerstan und Scheck ist dieses Missverhältnis nicht etwa unversehens unterlaufen. Es ist ihnen schon beim Zusammenstellen ihres Kanons bewusst gewesen, denn beide äußern sich dazu. Kerstan bedauert, dass so wenige Werke von Frauen stammten, sicher werde ihm nun vorgeworfen, »die Werke ›toter weißer Männer‹ seien überrepräsentiert«. Aber: »Das liegt daran, dass die stilprägenden, typischen, populären Werke der Vergangenheit vorwiegend von Männern stammen«, belehrt er seine Leser*innen. »Sehr bald wird ein neuer Kanon in dieser Hinsicht sicher ganz anders aussehen.« Denis Scheck fragt ebenfalls gleich selbst: »Und wie sieht's mit der Männer- und Frauenquote in meinem Kanon aus?« Er leiht sich die Antwort von Hans Magnus Enzensberger: »Beschweren Sie sich beim Patriarchat!« Und fügt selbst an: »Ich war nicht bereit, Rabatt aufgrund Geschlechtszugehörigkeit oder Nationalität zu gewähren.«

Dass Scheck diese letzten beiden Sätze einfach nebeneinanderstellt, macht sehr deutlich, dass das Thema nicht ernst genommen wird. Lange kann da nicht nachgedacht worden sein über die Zusammenhänge und über die

Möglichkeiten, die man als prominenter Literaturkritiker hätte. Denn wie soll sich ändern, was populär ist, wenn immer wieder das hochgehalten wird, was schon populär war? Es bleibt eine Frage der Prioritäten, in diesem Fall mit dem Ergebnis: 80 Autoren, 20 Autorinnen. Schecks Erklärung gleicht übrigens bis ins Detail der Antwort von Reich-Ranicki, der, vom *Spiegel* auf den geringen Frauenanteil in seinem Kanon hingewiesen, erklärte, es nicht ändern zu können, er sei nicht bereit, »einen ermäßigten Tarif wegen Geschlechtszugehörigkeit anzuwenden«.

Ich fasse zusammen: Die Großkritiker wollen in ihrem Kanon keinen Rabatt geben, keinen ermäßigten Tarif, und merken dabei nicht, dass sie genau das tun: Freifahrtscheine vergeben für das, was schon immer dabei war. Die Werke von Autorinnen seien eben, soweit es sie überhaupt gegeben habe, bedauerlicherweise nicht »stilprägend, typisch, populär« gewesen. Im Kern werden zwei Behauptungen bemüht: 1. Frauen hätten kaum geschrieben. 2. Was sie geschrieben haben, sei leider von mangelhafter Qualität und könne nicht mithalten mit den Werken der Männer. Beides ist falsch. Während beim ersten Punkt immerhin gilt, dass Frauen lange Zeit nicht so viel geschrieben haben wie Männer, ist der zweite Punkt meist nichts als eine leere Behauptung, eine gern wiederholte Überzeugung, anzusiedeln irgendwo zwischen den Polen Verachtung und Ignoranz.

Scheck, Kerstan und Reich-Ranicki sind sich einig: In der Vergangenheit war es nun mal leider so, in Zukunft werde sich das automatisch ändern. Ihre eigenen gegenwärtigen Aufgaben und Möglichkeiten scheinen gar keine Rolle zu spielen, als könne man nichts anderes tun, als hilflos zu reproduzieren, was immer war. Ihre Aussagen stehen beispielhaft dafür, dass in der Literaturkritik schlicht kein Interesse besteht, der Sache nachzugehen, und auch kein Bewusstsein für die Zusammenhänge. Es gilt nur, dem Vorwurf zuvorzukommen, man hätte zu wenig Autorinnen im Kanon. Dass man damit Opfer genau derselben Vorannahmen ist wie frühere Kritiker – das wird nicht reflektiert. Aus der Annahme, die Zukunft werde es schon richten, wird so nie etwas werden. Denn von nichts kommt nichts.

Männer, die sich an Männer erinnern

Auf Kerstans Kanon-Beitrag folgte so viel Kritik, dass seine Kolleginnen Ann-Kristin Tlusty, Julia Meyer und Judith Luig zwei Wochen später unter dem Titel »Kanon, du lebendiges Ding« einhundert Werke aufführten, die unter anderem in den Zuschriften von *ZEIT*-Leser*innen genannt worden waren. In ihrer Vorrede sprechen sie davon, dass »ein Kanon, der sich auf männliche, *weiße* Stimmen konzentriert, fragwürdig und unbefriedigend« ist, zumal »in einer globalisierten Welt, in der alte Gewissheiten infrage gestellt werden und in der sich der Zugang zu Wissen durch das Internet demokratisiert hat, in einer Zeit, in der Debatten zu Geschlechtergleichheit, zu strukturellem Rassismus, zu Zuwanderung und zu LGBTQIA zumindest in Deutschland immer mehr zum Alltag gehören«. Statt eine subjektive Liste aufzustellen, haben die drei Autorinnen möglichst viele unterschiedliche Stimmen eingefangen. Sie haben die Vorschläge bevorzugt, die stärker auf gesellschaftliche Vielfalt eingehen, und sie haben auch popkulturelle Werke berücksichtigt, sofern sie prägend für die Sehgewohnheiten heutiger Generationen waren. Ihre Liste enthält neben literarischen Werken auch Filme und Popmusik aus den letzten Jahren und Jahrzehnten und ist somit ein Bildungskanon mit einer deutlich anderen Perspektive – letztlich wird auch dieser alternative Bildungskanon übrigens dominiert von den Werken von Männern.

Auch die Schriftstellerinnen Sibylle Berg und Simone Meier haben es gemeinsam mit anderen unternommen, einen Gegenkanon zusammenzustellen: Für #diekanon wurden gezielt Wissenschaftlerinnen, Künstlerinnen, Autorinnen und Komponistinnen ausgesucht, die wir eigentlich alle kennen sollten, die nie hätten in Vergessenheit geraten dürfen. Nachdem »alle Kanons der letzten Jahrzehnte und die darin enthaltenen Namen aus Kunst und Wissenschaft vornehmlich das gleiche Geschlecht hatten wie die Verfasser der sorgsam erstellten Listen«, sei es an der Zeit, festzustellen, dass diese Einordnung überholt ist. Das Schweizer Magazin *Die Republik* verlieh dem Projekt im Januar 2019 den Preis der Redaktion. Die Begründung: »So wie Frauen eher an einem Herzinfarkt sterben, wenn sie von einem Arzt behandelt werden – so geraten sie eher in Vergessenheit, wenn es die Männer sind, die für die Erinnerung zuständig sind. Und unsere heutige Preisträgerin macht klar, dass unser Kulturverständnis noch viel zu oft genau das ist: Männer, die sich an Männer erinnern.«

Nun sind diese Kanon-Diskussionen vermutlich vor allem für den Literaturbetrieb und die Kulturschaffenden von Interesse, nicht unbedingt für durchschnittliche Leser*innen. So ein schriftlich fixierter Bildungskanon hat jedoch auch auf diejenigen Auswirkungen, die sich nicht für ihn interessieren, denn solche Debatten haben eine große

Strahlkraft über den Literatur- und Kulturbetrieb hinaus. Sie nehmen nicht nur auf Lektürelisten für Seminare und Schulklassen Einfluss, sondern auch darauf, was in Buchhandlungen liegt, was Bibliotheken anschaffen, was man also überhaupt erst mal zu sehen bekommt und woraus ausgewählt werden kann. Was ›man gelesen haben muss‹, wirkt auf das schlechte Gewissen und die Kaufentscheidung von uns allen. Wer wem welches Buch empfiehlt – auch das ist eine Form der Wertzuschreibung, der Auswahl, der Kanonisierung. Die Literaturwissenschaftlerin und Kuratorin Sonja Lewandowski nennt das im Gegensatz zu dem schriftlich fixierten einen »gesummten Kanon«. Dieser sei zwar einlullend und flüchtig, aber er »hat in seiner impliziten Wirkweise dennoch einen enormen Einfluss auf unseren literarischen Wertekompass« und spiegele oftmals eine männlich dominierte literarische Kultur, die konkrete Auswirkungen auf unsere Vorstellung von guter und schlechter Literatur habe.

»Was wir gegenwärtig lesen, ist nicht zuletzt eine Folge dessen, was wir zu lesen gelernt haben«, schreibt die Autorin Isabelle Lehn. Und wo Kritiker*innen ganze Bibliotheken weiblichen Schreibens nicht kennen, kann auch nicht darauf Bezug genommen, können sie nicht am Leben erhalten werden. So gehen ganze Kapitel der Literaturgeschichte verloren. Andere werden hingegen immer und immer wieder perpetuiert und setzen sich fest. Zum Beispiel, wenn während der ersten Corona-Monate in einer Fernsehsendung Albert Camus' *Die Pest* hochgehalten wird und plötzlich alle das Buch lesen, als wäre es eine Hausaufgabe. Und wieder wurde eine Gelegenheit verpasst, die Aufmerksamkeit auf weniger bekannte Bücher zu lenken, die zu der konkreten Situation mindestens genauso gut gepasst hätten. *Die Entbehrlichen* von Ninni Holmqvist zum Beispiel oder Marlen Haushofers *Die Wand.* Dass immer wieder dieselben wenigen Titel genannt und dadurch in ihrer Bedeutung übersteigert werden, ist eine traurige Einengung der Auseinandersetzung mit Literatur.

Es ist Zeit, dass Bewegung in die Sache kommt. Das finden längst nicht mehr nur Frauen. So hat der Literaturwissenschaftler Tillmann Severin sein Leseverhalten grundsätzlich überdacht: »Am Anfang habe ich im Buchladen bemerkt, wie ich eher nach Männern als nach Frauen griff, obwohl ich weder Autor noch Autorin kannte. Auch das ist sicher eine Folge meiner bisherigen sehr männlichen Lektüre und ich habe es als anstrengend empfunden, entgegen meiner Intuition zu kaufen. Nach einer Weile haben sich dann andere Effekte eingestellt: Mein Blick ist weiter geworden, ich sehe buchstäblich mehr Bücher. Außerdem ist die Bandbreite dessen, was ich lese, gewachsen. Ich lese offener. Vor allem lese ich aber wesentlich mehr und mit wesentlich mehr Lust.«

Saša Stanišić nennt die Literaturlisten für die Schulen – obwohl er selbst in einigen Bundesländern verpflichtende Schullektüre ist – einen »Kanon der Defizite«, und Simon Sales Prado schrieb in seinem schon zitierten Artikel im *SZ Magazin:* »Als entschieden wurde, dass Goethe ein Genie ist und Walsers Werke anspruchsvoll, waren Frauen in Deutschland per Gesetz noch gar keine gleichberechtigten Menschen. Somit wäre der Kanon kein Argument, sondern vielmehr Beweis für einen Missstand. Eine Spielregel, die ausgehandelt wurde, als die Hälfte nicht mitspielen durfte.«

Männliche und weibliche Perspektiven

Schon in der Schule wird von Jungen eben nicht verlangt, »daß sie sich der Anstrengung unterziehen, die für Mädchen eine Gegebenheit ist, nämlich den Standpunkt des anderen Geschlechts nachzuvollziehen«, schrieb Ruth Klüger. Dass das so ist, hat Folgen. Isabelle Lehn fragt, was es mit Frauen mache, wenn sie von klein auf lernten, die Welt aus der Perspektive eines Mannes zu betrachten, wenn die Literatur keine weiblichen Vorbilder biete und sie lernten, dass die Themen von Mädchen und Frauen zu trivial seien, um ernst genommen zu werden. »Ganz richtig: Sie übernehmen diese Haltung. Sie fangen an, den männlichen Blick, männliche Ausdrucksformen und männliche Themen – oder das, was ihnen als solche vermittelt wird – als höherwertig einzuschätzen. Wenn sie ernst zu nehmende Literatur lesen wollen, dann greifen sie zu männlichen Autoren, und wenn sie selbst zu schreiben beginnen, dann imitieren sie männliche Stimmen.« Das ist keine Vermutung, sondern eine Beobachtung, denn Isabelle Lehn gibt regelmäßig Schreibworkshops und hat dabei festgestellt, dass junge Frauen, wenn sie anfangen zu schreiben, oft darauf verfallen, die Perspektive eines älteren Mannes einzunehmen. »Weil sie denken, dass nur das Literatur sein kann. Weil sie gelernt haben, dass Literatur nur dann ernstzunehmen ist, wenn sie aus der Perspektive eines älteren Mannes erzählt.« Deshalb versucht die Autorin in diesen Kursen als Erstes, den Literaturbegriff wieder zu öffnen, die Vielfalt der Möglichkeiten anzudeuten, den Studentinnen zu zeigen, dass Literatur »nach ihnen selbst klingen darf. Dass sie mit ihrer eigenen Stimme schreiben dürfen, über Themen, die für sie, in ihrer Lebenswelt relevant sind. In der Regel erstaunt sie das sehr.« Genauso erstaunt die Kursteilnehmer*innen bei genauerem Nachdenken, wie wenige Autorinnen sie überhaupt kennen. »Kein Grund, sich zu schämen«, schreibt Isabelle Lehn, denn es handelt »sich um ein strukturelles Problem – Stichwort Kanonisierung.« Aber ein Grund, sich diese Zusammenhänge bewusst zu machen.

Ein hochinteressanter Roman ist in diesem Zusammenhang *Verführungen,* der 1996 erschienene Debütroman von Marlene Streeruwitz, in dem das Leben einer verlassenen berufstätigen Frau, die alleinerziehende Mutter zweier Töchter ist, konsequent in all seinen Facetten erzählt wird. Ohne Rücksicht auf Konventionen stellt Marlene Streeruwitz das körperliche und emotionale Erleben ihrer Figur genau dar, von der Hausarbeit und den Ambivalenzen des Mutterseins bis zum Sexismus am Arbeitsplatz und den Verlegenheiten, in die sie durch ihre Menstruation gerät, bis hin zu ihrer Sehnsucht nach einem Mann. Das war 1996 radikal und liest sich auch fünfundzwanzig Jahre später noch wie neu. Im *Literarischen Quartett* rief diese Darstellung damals nicht nur von Marcel Reich-Ranicki heftigen Widerspruch hervor. Zu beweisen, dass das Leben einer Frau, die von ihrem Mann verlassen werde, traurig sei, mit allem Kummer und allen Katastrophen des Alltags, halte er für überflüssig. Die Natur habe es leider so eingerichtet, dass allen Ärger die Frau habe. Der Gast der Sendung, der Literaturkritiker Hajo Steinert, blieb sachlicher, konnte in diesem weiblichen Alltag aber auch kein literaturfähiges Sujet erkennen. Sigrid Löffler hielt dagegen: Die Banalitäten des Alltags seien ja gerade Thema dieses Romans, und wenn man beschreiben wolle, warum Frauen es so schwer hätten, zu sich selbst zu finden, dann müsse man das so beschreiben. Löffler sah in dem Roman zu Recht einen weiblichen Bildungsroman – was Hajo Steinert abwegig fand.

Die Sendung war exemplarisch für eine Wahrnehmung, die sich festgesetzt hat. Noch Elena Ferrante sagt, sie sei in der Überzeugung groß geworden, nur zu existieren, wenn sie sich möglichst stark von der Welt der Männer und ihrer Fähigkeiten beeinflussen lasse und mit Bravour die Prüfungen bestehe, denen diese sie unterzögen. Erst später habe sie verstanden, dass sie genau das Gegenteil tun müsse: »Dann las ich Bücher, die die Kraft des Weiblichen herausstellten, und in meinem Kopf drehte sich alles um. Ich musste von mir selbst ausgehen und von meiner Beziehung zu anderen – auch dies ist eine grundlegende Formel –, wenn ich wirklich mir selbst Form geben wollte.« Es gelte, »Worte für den Teil unserer Erfahrungen zu finden, der verborgen und stumm geblieben ist«.

Wie Streeruwitz und Ferrante sehen es inzwischen viele Autorinnen. Die Britin Sarah Moss erkennt darin nicht nur eine literarische Entscheidung, sondern auch eine politische. Wenn Hausarbeit und Sorgearbeit, die immer noch sehr überwiegend von Frauen gemacht werden, es nicht wert seien, beschrieben zu werden, dann heiße das, das Leben von Frauen sei es nicht wert, beschrieben zu werden. Schon aus Prinzip müsse deshalb auch der Badezimmerputz vorkommen in Romanen. Durch die Art, wie rezensiert wird, und durch die Auswahl kanonischer Texte wird bis heute unausgesprochen zwischen wichtigen und unwichtigen Themen in der Literatur unterschieden. Aus mancher Rezension spricht nach wie vor diese Prämisse, weiblicher Alltag und Mutterschaft sei ein triviales Sujet. Dabei sagt ein Thema allein noch rein gar nichts über die literarische Qualität eines Werkes aus. Es gibt keine Themen, die per se nicht literaturfähig wären, auch wenn das quer durch die Literaturgeschichte immer wieder so dargestellt wurde. Nicht selten liegen so einem Urteil misogyne Ressentiments zugrunde, das zeigt ein genauerer Blick auf einzelne Beispiele – dazu später mehr. Der Arbeit von Autorinnen auf diese Weise die Qualität abzusprechen oder sie gar nicht erst sichtbar zu machen, ist bis heute eine – leider sehr wirkungsvolle – Methode, Literatur von Frauen aus der literarischen Öffentlichkeit auszuschließen.

All das findet in einem gesellschaftlichen Kontext statt, in dem Geschlechterstereotype keineswegs überwunden sind – im Gegenteil haben sie in den letzten Jahren und Jahrzehnten sehr an Bedeutung gewonnen. Das zeigt sich zum Beispiel daran, dass Männlichkeit und Weiblichkeit heute schon bei den Kleinsten normiert und zugespitzt werden. Noch in den Siebzigerjahren wurden Kinder etwa von der Firma Lego als einheitliche Zielgruppe angesprochen, heute ist die erste Frage im Spielwarenladen immer die nach dem Geschlecht des zu beschenkenden Kindes. Denn in den Neunzigerjahren hielt das Gendermarketing Einzug, das Kinder in Geschlechterstereotype zwängt, Jungen etwa ermuntert zu bauen und konstruktiv zu werden, während Mädchen sich schmücken sollen. Dass auch das mit diesen Geschlechternormen verbundene Macht- und Besitzdenken keinesfalls verschwunden ist, zeigt eine Statistik des Bundeskriminalamts, der zufolge in Deutschland jeden Tag ein Mann versucht, seine (Ex-)Partnerin zu töten, jeden dritten Tag erliegt eine Frau den dabei zugefügten

Verletzungen. Vermutet wird, dass die tatsächlichen Zahlen zum Femizid noch deutlich höher sind. Wer angesichts solcher Statistiken und Entwicklungen glaubt, wir hätten die einengenden Geschlechterrollen der letzten Jahrhunderte längst hinter uns gelassen, sitzt einer enormen Illusion auf. Im Gegenteil droht ein Backlash die bisher errungenen Freiheiten rückgängig zu machen, wie es in manchen westlichen Ländern bereits der Fall ist. Hier sind klare politische Entscheidungen nötig, für die es grundlegend ist, den Blick zu schärfen und die Wahrnehmung, an die wir uns gewöhnt haben, einem Realitätscheck zu unterziehen.

Das ist der Hintergrund, vor dem ich auch mein Feld, die Literatur, betrachte. Literatur wird die Fähigkeit zugeschrieben, den Horizont zu erweitern, Empathie zu fördern, weil man beim Lesen mit Menschen aus anderen Zeiten und Ländern, Menschen anderen Geschlechts und Alters mitfühlt, sich in sie hineinversetzt. Mehr Literatur von Frauen zu lesen, von Schwarzen Menschen, von People of Color, von queeren und anderen marginalisierten Menschen wird an sich nichts an den beschriebenen strukturellen Missständen ändern. Aber es ist eine sehr gute Möglichkeit, das Bewusstsein für Ungerechtigkeiten und Schieflagen zu entwickeln oder zu schärfen. Deshalb ist es eben nicht egal, ob ein Buch von einem Mann oder einer Frau geschrieben wurde, von einer nicht binären Person, von einer Schwarzen oder einer *weißen*. Durch die Geschlechts- und Farbenblindheit, die oft so selbstbewusst wie unreflektiert behauptet wird, werden immer wieder dieselben Gruppen bevorzugt, immer wieder dieselben Perspektiven wiederholt, und so werden auch immer wieder dieselben unsichtbar gemacht.

Dabei geht es mir nicht nur um weibliche Stimmen. Denn schon die binäre Geschlechterlogik entspricht nicht mehr der Welt, in der wir leben, entsprach ihr noch nie, wie die Wissenschaft weiß, nur kann es heute glücklicherweise auch thematisiert und gelebt werden. Queere Stimmen finden, wie die von Schwarzen Menschen und People of Color, nur langsam Aufnahme in Verlagsprogramme, Feuilleton und Schullektüre. Nicht zuletzt dank des Internets und der sozialen Medien finden sie trotzdem endlich Gehör – wenn auch nach wie vor begleitet von aggressiven Gegenstimmen und unter Androhung von Gewalt.

Nein, wir sind nicht darüber hinaus, auf diese Dinge achten zu müssen. Es wird gerade erst interessant. Denn es sind andere Erfahrungen, andere Perspektiven, die hier erzählt werden, neue Geschichten, die ich nach dem männerdominierten Lesen der letzten Jahrzehnte nicht nur als Abwechslung und Bereicherung empfinde, sondern geradezu als Offenbarung.

AUTORINNEN UND DIE LITERATURGESCHICHTE

Als Überblick über die Literaturgeschichte dienen dicke Bücher namens Literaturgeschichten, in denen die entscheidenden Entwicklungen und Strömungen der Literatur eines Sprachraums chronologisch dargestellt und die vermeintlich wichtigsten Autor*innen in diese eingeordnet werden. Dort lässt sich nachschlagen, wenn man sich schnell Zusammenhänge klarmachen oder genauer über die Literatur einer bestimmten Zeit informieren will. In den Jahren nach der Schule habe ich mir nach und nach eine deutsche, eine englische, eine französische, eine russische und eine nordamerikanische Literaturgeschichte zusammengespart und -gewünscht. Angesichts der Fülle dessen, was über die Jahre geschrieben und veröffentlicht wurde, kann es sich bei dem, was in diese Bücher aufgenommen wird, natürlich immer nur um eine Auswahl handeln. Was erwähnt wird und was nicht, was viel Raum bekommt oder wenig, das entscheiden die jeweiligen Herausgeber*innen – abhängig von ihren eigenen Prioritäten und denen ihrer Zeit. Bei den Nachschlagewerken aus den Neunzigerjahren, die ich im Regal stehen habe, ist eine dieser Prioritäten unübersehbar: Männer bevorzugt. In der im Metzler Verlag erschienenen *Deutschen Literaturgeschichte* von 1992 sind kaum zehn Prozent Autorinnen verzeichnet, genauso in der *Englischen,* die 1993 erschien. Die *Französische Literaturgeschichte* von 1991 weist nicht mal acht Prozent Autorinnen auf. Diese Zahlen ergeben sich aus den reinen Namensnennungen im Register. Noch nicht berücksichtigt ist dabei, wie viel Raum ein*e Autor*in erhält – ein Faktor, der das Ungleichgewicht noch verstärken dürfte, dieser Eindruck entsteht jedenfalls beim Blättern und Lesen. Diese Prozentzahlen zeigen überdeutlich, was sich nicht bestreiten lässt: Autorinnen spielen in der Literaturgeschichte – oder besser: in der Literaturgeschichtsschreibung – eine marginale Rolle. Und auf die Gefahr hin, mich zu wiederholen: Das liegt nur sehr bedingt daran, dass es nur wenige Autorinnen gegeben hätte, und es liegt überhaupt nicht daran, dass sie eben nichts »Wichtiges«, nichts »Gutes« geschrieben hätten. Es ist eine Frage der Kriterien und der Auswahl, eine Frage dessen, was für wichtig erachtet wird.

Immerhin tut sich etwas. In der im Umfang sehr gewachsenen aktuellen Auflage von Metzlers *Deutscher Literaturgeschichte* von 2019 ist der Autorinnenanteil gegenüber der Auflage von 1992 von zehn auf 18 Prozent gestiegen. Ein Fortschritt, aber immer noch weniger als ein Fünftel und damit kein Grund, zufrieden zu sein. Dazugekommen sind übrigens keineswegs nur zeitgenössische Autorinnen, sie stammen sogar zum großen Teil aus vergangenen Jahrhunderten. Das macht noch einmal klar: Gegeben hat es die Autorinnen auch vorher schon, sie wurden nur nicht in den Blick genommen.

Dass sich das langsam ändert, dass Autorinnen dem Vergessen entrissen werden, ist der Arbeit der feministischen Literaturwissenschaft und der *Gender Studies* zu verdanken. Zwei Pionierinnen auf diesem Gebiet sind die Professorinnen Hiltrud Gnüg und Renate Möhrmann, die 1985, als die feministische Literaturwissenschaft noch im Entstehen begriffen war und man die Autorinnen in den deutschen Literaturgeschichten noch suchen musste, eine eigene Frauenliteraturgeschichte herausgegeben haben. Der äußerst lesenswerte, 1999 aktualisierte Sammelband *Frauen Literatur Geschichte* präsentiert die Geschichte weiblichen Schreibens vom Mittelalter bis zur Gegenwart statt nach Epochen in einzelnen Themenbeiträgen. Das hat den einfachen Grund, dass die literarische Produktion von Frauen keine nahtlose, sich kontinuierlich entwickelnde Abfolge bildet, sondern durch vielerlei Brüche und Neuanfänge gekennzeichnet ist. Aber auch diese lassen sich beschreiben, genau wie übergreifende Entwicklungslinien. Im Vorwort klären die Herausgeberinnen, wie sie den problematischen Begriff »Frauenliteratur« verwenden, nämlich weder abwertend noch im Sinne von »nur für Frauen«. Natürlich, schreiben Möhrmann und Gnüg, wäre zu wünschen, dass künftige Literaturgeschichten den Autorinnen den ihnen gebührenden Rang zukommen lassen, sodass eine gesonderte Frauenliteraturgeschichte überflüssig wird. Aber solange so viele Autorinnen und ihre Werke von den »eigentlichen« Literaturgeschichten so umfassend außer Acht gelassen werden, wie es der Fall war und ist, ist ein Band wie *Frauen Literatur Geschichte* notwendig, in dem es beispielsweise auch Kapitel zu schwarzafrikanischen, afroamerikanischen und jüdischen Autorinnen gibt sowie eines über türkische Autorinnen in Deutschland. Im Kern geht es den Herausgeberinnen und der feministischen Wissenschaft darum, Vergessenes sichtbar zu machen, Marginalisiertes in den Fokus zu nehmen und die eigene Frauengeschichte zu erzählen, die sich da verbirgt. Silvia Bovenschen sprach in diesem Zusammenhang vom »belegbaren Ausschluß der Frauen aus den geschichtsprägenden politischen und kulturellen Institutionen und Positionen« und von einer »noch zu verfassenden Geschichte weiblicher Geschichtslosigkeit«.

Weder den Autorinnen dieses Sammelbandes noch mir geht es dabei darum, ein spezifisch »weibliches Schreiben« definieren zu wollen. Es geht nicht darum, dass Frauen stilistisch grundsätzlich anders schreiben würden als Männer – und schon gar nicht darum, das biologistisch begründen zu wollen. Eine solche biologistische Annahme wäre zum Beispiel die von Marcel Reich-Ranicki gern wiederholte Behauptung, Frauen könnten aufgrund ihrer biologischen oder seelischen Andersartigkeit besonders gut Lyrik schreiben, jedoch keine Romane. Solche Behauptungen sind zutiefst misogyn und basieren auf einem stereotypen binären Geschlechterverständnis, das jedoch schon immer kulturell geprägt war. Es geht bei einer weiblichen Literaturgeschichte vielmehr um ein Bewusstsein dafür, dass die Lebensumstände von Frauen über Jahrhunderte hinweg so grundsätzlich anders waren, dass ihre Literatur eigene Perspektiven und Themen mit sich brachte. Und um die Erkenntnis, dass ihre Literatur von Anfang an abgewertet wurde, was bis heute deutlich erkennbare Spuren hinterlässt und worunter Autorinnen nach wie vor leiden.

Früh am Morgen und spät in der Nacht

Auch die Produktionsbedingungen weiblichen Schreibens waren, bedingt durch die den Frauen zugewiesene gesellschaftliche Rolle, jahrhundertelang speziell. Die englische Schriftstellerin Fanny Burney, die von Jane Austen bewundert wurde, schrieb ihren ersten Roman, *Evelina,* nachts. Tagsüber wurde sie davon in Anspruch genommen, gemeinsam mit ihren Schwestern das musikgeschichtliche Manuskript ihres berühmten Vaters abzuschreiben, immer wieder, weil es ständig neue kleine Änderungen gab. Ihr eigenes Buch schrieb sie mit verstellter Schrift, damit der Drucker es nicht mit der Familie in Verbindung brachte. Das hätte dem Ruf des Vaters geschadet, denn schreibende Frauen galten als anmaßend oder albern – so eine Tätigkeit war unweiblich und gesellschaftlich verpönt. Als Burneys Roman später tatsächlich veröffentlicht wurde, geschah das aus ebendiesen Gründen anonym. Jane Austen, die kein eigenes Arbeitszimmer hatte und im Wohnzimmer arbeiten musste, soll auf extrakleinen Blättern geschrieben haben, um diese verstecken zu können, sobald sie eine Tür knarren und jemanden kommen hörte.

Wenn Frauen nicht gerade über die Freiheiten und Mittel des Adels verfügten, waren sie von ihren Vätern oder Ehemännern abhängig und schrieben unter Bedingungen, die für männliche Autoren schlicht undenkbar gewesen wären. Dass irgendeine Autorin von ihrem Gatten so gründlich abgeschirmt worden wäre wie Thomas Mann von seiner Frau Katia, um vollkommen ungestört arbeiten zu können, ist nicht bekannt. Von derartiger Wertschätzung und Unterstützung konnten schreibende Frauen nur träumen. Noch Mitte des zwanzigstens Jahrhunderts sah sich die in einer österreichischen Kleinstadt lebende Autorin Marlen Haushofer, Mutter und Zahnarztgattin, damit konfrontiert, dass ihr Mann und ihre Söhne ihr Schreiben überhaupt nicht gern sahen – es sollte den Familienalltag nicht beeinträchtigen. Also tat Haushofer es mithilfe von Cola und Kaffee morgens zwischen halb fünf und halb sieben oder abends zwischen neun und Mitternacht, nahm an Treffen mit anderen Schriftsteller*innen kaum teil und schlug sogar eine Einladung der Gruppe 47 aus. Autorin zu sein, ließ sich für sie im Österreich der Fünfzigerjahre nicht mit dem Leben als Mutter und Ehefrau vereinbaren.

Als die allerersten Frauen begannen zu schreiben, taten sie dies denn auch an dem einzigen Ort, an dem überhaupt die Voraussetzungen dafür bestanden: im Kloster. Dort waren diese gebildeten Frauen frei von familiären Verpflichtungen, hatten die fürs Schreiben nötige Ruhe und Raum zur Selbstentfaltung. Höfe und Salons boten ähnliche Bedingungen, allerdings fast ausschließlich adeligen Frauen. Als erste deutsche Dichterin gilt die wohl um 935 geborene adelige Roswitha von Gandersheim, die über beträchtliche Bildung verfügte und im Familienstift Gandersheim auf Latein geistliche und historische Schriften verfasste. Sowohl ihre Werke als auch sie selbst gerieten zunächst in Vergessenheit. Sie wurden erst im fünfzehnten Jahrhundert wiederentdeckt und im zwanzigsten von der Frauenbewegung noch einmal neu betrachtet. Eine der ersten Berufsschriftstellerinnen war die ungeheuer produktive Christine de Pisan, Ehefrau eines königlichen Sekretärs und Hofdame des französischen Königs Karl V. Als ihr Mann im Jahr 1390 plötzlich starb, stand sie sechsundzwanzigjährig mit drei Kindern, ihrer Mutter und zwei Brüdern da, die auf ihre Unterstützung angewiesen waren. Sie erlegte sich ein selbst gestaltetes Bildungsprogramm auf, überließ Haushalt und Kinder der Obhut ihrer Mutter und begann zu schreiben. Und sie hatte Erfolg: Ihr Talent wurde gewürdigt, und sie konnte ihre Familie vom Schreiben ernähren. Trotz ihrer Bekanntheit zu Lebzeiten war ihr Werk jedoch wenige Generationen später bereits vergessen. Erst in der zweiten Hälfte des zwanzigsten Jahrhunderts wurde es wiederentdeckt.

Außerhalb von Klöstern und Höfen fehlte es Frauen noch lange an Zeit, Raum und Bildung zum Schreiben. Bis Frauen vom männlichen Bildungssystem nicht mehr ausgeschlossen wurden, sollte es noch Jahrhunderte dauern. Noch Rahel Varnhagen klagte über ihre fehlende Schulbildung und Bettina von Arnim über ihren mangelnden systematischen Unterricht. Etwa zur selben Zeit, 1800, machte Jean-Jacques Rousseau die kontroverse Debatte um Bildung und Erziehung der Frau groß. In seinem enorm erfolgreichen Roman *Émile oder über die Erziehung* ging er dabei nicht nur von der natürlichen Unterlegenheit der Frau aus, er hing auch der Überzeugung an, die Frau sei überhaupt nur des Mannes wegen da; ihr Lebenszweck sei es, ihm zu gefallen und ihm das Leben angenehm zu machen. Seine Schlussfolgerung: Die Mädchenerziehung sollte ausschließlich eine zur Liebe sein, eine Vorbereitung auf das Dasein als Gattin und Mutter. Und er ging noch weiter: Die natürliche Neugier müsse in Mädchen und jungen Frauen abgetötet werden, um sie in »liebenswerter Unwissenheit« zu halten. Bei der Bildung von Jungen ging es Rousseau dagegen ganz wesentlich um die politische Ordnung, um die Hinwendung zu Welt und Gesellschaft.

Parallel entwickelten in Deutschland Philosophen wie Immanuel Kant, Wilhelm von Humboldt und Johann Gottlieb Fichte die sogenannte Geschlechtscharaktertheorie, die noch heute in manchen Köpfen herumzuspuken scheint. Im Männlichen und Weiblichen standen sich demzufolge Drinnen und Draußen, Gefühl und Ratio, Passivität und Aktivität, Stoff und Geist, Natur und Wille unvereinbar gegenüber. An der Verbreitung und Festigung dieser Theorie beteiligten sich nicht nur Schriftsteller, ihr Einfluss reichte bis in Biologie und Medizin. Ausführlich wurde aus den verschiedenen Blickwinkeln dargelegt, dass die Frau durch ihre körperliche Konstitution, ihre Gebärfähigkeit und die gottgewollte hierarchische Ordnung ins Haus gehöre. Damit waren die Frauen aus der Öffentlichkeit weitgehend verbannt, jede Selbstständigkeit war ihnen genommen, sie waren in jeder Hinsicht angewiesen auf ihre Väter und Ehemänner, von ihnen abhängig und nur für diese da – was ja auch die Absicht gewesen war.

Es gab aber, insbesondere während der Romantik, auch Stimmen, die sich für eine umfassende Bildung der Frau starkmachten, die für eine Annäherung der Geschlechter eintraten und die Stereotype, die der Geschlechtscharaktertheorie zugrunde lagen, entschieden zurückwiesen, unter ihnen Friedrich Schlegel und Friedrich Schleiermacher. Theodor Gottlieb Hippel, der betonte, dass die Unterlegenheit der Frau keineswegs Folge der gottgewollten Ordnung oder ihrer natürlichen Bestimmung sei, sondern Ergebnis der kulturellen Entwicklung, wollte sogar sämtliche Berufszweige für Frauen öffnen. Aber damit war er seiner Zeit allzu weit voraus.

Der erste deutsche »Frauenroman«

Lange Zeit waren das Einzige, was Frauen schreiben durften, ohne die ihnen gesteckten Grenzen zu übertreten, Briefe. Virginia Woolf bezeichnete Briefe als Schule der schreibenden Frauen, denn mit ihnen machten diese ihre ersten Schreibversuche, ehe sie – zumindest in England – im achtzehnten und neunzehnten Jahrhundert anfingen, auch mit anderen literarischen Gattungen hervorzutreten. Eine der ersten Formen, die von Frauen erprobt wurde, war dann auch der Briefroman. Zu ebendieser Gattung gehört auch der erste in Deutschland veröffentlichte Roman einer Frau, *Geschichte des Fräuleins von Sternheim* von Sophie von La Roche. In dem 1771 veröffentlichten Buch geht es, wie in vielen späteren Romanen von Autorinnen, um weibliche Lebensläufe und damit auch um Bildung und Erziehung von Mädchen und Frauen. Auch *Geschichte des Fräuleins von Sternheim* erschien zunächst anonym, jedoch gekennzeichnet als Roman einer Frau. Wie die Germanistin Katharina Herrmann in ihrem lebendigen Porträt der Autorin schreibt, war Sophie von La Roche bei der Veröffentlichung ihres Romans einundvierzig Jahre alt und hatte als Arzttochter durchaus Bildung genossen, wenn auch nicht die klassische höhere Schulbildung. In ihrem Unterricht war es, wie für ihr Geschlecht typisch, vor allem um die Künste gegangen, um Haushaltsführung und Religion. Sie war seit siebzehn Jahren verheiratet, hatte, wie Christine de Pisan, ein Leben als Hofdame geführt, und sie hatte acht Kinder zur Welt gebracht, von denen fünf überlebt hatten. Nachdem ihre Töchter in ein katholisches Pensionat gekommen waren, war endlich Zeit, ihren längst begonnenen Roman fertigzustellen.

Dass La Roche als Frau überhaupt einen Roman veröffentlichen konnte, hatte sie der Unterstützung ihres drei Jahre jüngeren Cousins Christoph Martin Wieland zu verdanken, einem der bedeutendsten Schriftsteller der Aufklärung. Bei ihm suchte sie in literarischen Fragen Rat, und er half ihr auch bei der Veröffentlichung. Außerdem versah er *Geschichte des Fräuleins von Sternheim* mit Fußnoten und einem Vorwort, in dem er besonders die vermeintlichen Mängel des Werkes hervorhob und betonte, dass das Ganze selbstverständlich nie als Kunst gedacht gewesen sei und so auch bitte nicht aufgefasst werden möge. Auch wenn Wieland seine Cousine durch diese Einordnung ihres Werkes vermutlich vor Kritik beschützen wollte, hatte die vorauseilende Herabsetzung, die er in diesem Zuge betrieb, doch gravierende Folgen – nicht nur für La Roche. Denn zwei Dinge hat Wieland mit seinem Vorwort zu diesem ersten deutschen Roman einer Frau festgeschrieben: Erstens handele es sich nicht um Literatur im eigentlichen Sinne, nicht um Kunst, die sich mit der von Männern messen könne oder wolle. Und zweitens sei dieser Text schon wegen seiner Thematik vor allem für Frauen gedacht. Diese nämlich könnten von der Heldin lernen, wie sie zu sein hätten und wie Schwierigkeiten zu begegnen sei. Nützliche Unterhaltung also, nichts für Männer. Es sind die gleichen Argumente, mit denen »Frauenliteratur« trotz veränderter gesellschaftlicher Umstände bis heute abgewertet wird. Umso interessanter, dass der Roman ein überwältigender Erfolg wurde und Goethe zu seinem Briefroman *Die Leiden des jungen Werther* inspirierte.

Jane Austen, die Brontë-Schwestern und die Ehe

Dass Frauen noch im neunzehnten Jahrhundert Mühe hatten, als professionelle Schriftstellerinnen wahr- und ernst genommen zu werden, zeigt auch ein Blick nach England. Das gilt selbst für heute kanonisierte Autorinnen wie Jane Austen, die Brontë-Schwestern oder George Eliot. Jane Austen fand für die ersten Fassungen ihrer frühen Romane als Frau keinen Verlag, genauso ging es Charlotte Brontë mit ihrem ersten Roman *Der Professor.* Der Durchbruch gelang ihr 1847 mit *Jane Eyre.* Bei der Preisgabe ihrer Identität waren sie dementsprechend alle besonders zurückhaltend, um negative Folgen, so gut es eben ging, von sich fernzuhalten. Austens Werke trugen zunächst statt ihres Namens die Bezeichnung »By a Lady«, später »By the author of Pride and Prejudice«, die Brontës entschieden sich für die Pseudonyme Currer, Ellis und Acton Bell; Mary Evans wählte den männlichen Autorennamen George Eliot.

In fast allen Romanen dieser Autorinnen geht es auch um die Suche der Protagonistin nach einem geeigneten Ehepartner, und das keineswegs nur aus romantischen Gründen. Denn die Wahl des Ehemannes entschied darüber, wie sich das Leben einer Frau ökonomisch und gesellschaftlich gestaltete. Da Frauen kaum Möglichkeiten hatten, ihr eigenes Geld zu verdienen, waren diejenigen, für deren Lebensunterhalt nicht ihr Ehemann aufkam, auf ein jährliches Versorgungsentgelt ihrer Familien angewiesen. Das galt auch für Jane Austen, die mehrere Anträge ablehnte und nie heiratete. Die einzige andere gesellschaftlich akzeptierte Möglichkeit: Sie mussten sich, wie die weniger betuchten Brontës, durch Gouvernanten- und Lehrtätigkeiten finanzieren. Die meisten Austen-Romane spielen genau in diesem Spannungsfeld zwischen Liebe und Vernunft – und das auf so geistreiche und kluge Weise, dass sie bis heute gelesen, verfilmt und variiert werden.

Charlotte Brontës erster Roman, den sie innerhalb weniger Wochen niedergeschrieben hatte, war 1847 zusammen mit *Sturmhöhe,* dem Roman ihrer Schwester Emily, eine der literarischen Sensationen des Jahres. *Jane Eyre* gehört dem damals verbreiteten Genre des viktorianischen Gouvernantenromans an, der mit dem Beruf verschwunden ist und sich mit dem sozialen Status der Heldin, mit ihrer unklaren Rolle im Haushalt ihrer Arbeitgeberfamilie und dem Beharren auf dem eigenen Wertekanon befasste. Ich habe den Roman mit zweiundzwanzig zum ersten und jetzt zum zweiten Mal gelesen, und erst diesmal wurde mir klar: Jane Eyre ist eine der selbstbewusstesten, eigensinnigsten und feministischsten Figuren der Weltliteratur. Wie sie den beiden Männern, die sie heiraten und dabei dem eigenen Leben unterordnen wollen, erklärt, was *sie* will, und wie beharrlich sie das tut, obwohl beide ihr Nein offenbar nicht hören wollen oder glauben können – das ist einfach großartig. Auch wenn das Ende durchaus als Rückzug einer inzwischen vermögenden und welterfahrenen Frau ins Heim gedeutet werden kann und damit auch als das frühe Ende einer vielversprechenden Entwicklung. Interessant übrigens auch das Nachwort von Klaus Mann in meiner alten Taschenbuchausgabe: Dort beschreibt er Emily als die bedeutendere Brontë-Schwester, aber auch als die

»finsterere und kühnere« Autorin, deren »erschreckende Härte« er jedoch »denkbar unweiblich« finde. Charlotte attestiert er das »sehr weibliche Talent zu unterhalten« und spricht ihr gleichzeitig jeden Humor ab. So viel zu Geschlechterklischees und der Abwertung von Autorinnen quer durch die Geschichte – gern auch, indem sie gegeneinander ausgespielt und *ad feminam* bewertet werden. Literaturkritische Argumente sind das nicht.

Liest man Jane Austen und die Brontë-Schwestern heute vor diesem Hintergrund, fällt auf, was für differenzierte Bilder weiblichen Aufbegehrens in ihren Romanen gezeichnet werden. Immer geht es vor allem um die *Grenzen* des Möglichen. Eine Idealisierung der Ehe lassen diese Texte nicht zu. So ist es auch bei den Romanen der 1819 geborenen George Eliot, die eigentlich Mary Ann Evans hieß und die bestbezahlte und meistgelesene Autorin ihrer Zeit war. Auch sie nahm das männliche Pseudonym an, um größere Chancen auf eine Veröffentlichung zu haben und ernst genommen zu werden. Bereits ihr erster Roman, *Adam Bede,* machte sie auf einen Schlag bekannt. Kurz vor Erscheinen ihres zweiten Romans, *Die Mühle am Floss,* wurde bekannt, dass sich hinter dem Pseudonym eine Frau verbarg, aber da hatte sie bereits gezeigt, was sie konnte. *Middlemarch,* ihr wichtigster Roman, den ich nun endlich und mit großem Vergnügen von vorn bis hinten gelesen habe, wurde in England vor wenigen Jahren von einer internationalen Jury zum bedeutendsten britischen Roman aller Zeiten gewählt und wiederholt von vielen Autor*innen als Lieblingsroman genannt.

Er setzt da ein, wo die Romane der fünfzig Jahre zuvor verstorbenen Jane Austen enden: mit der Eheschließung. Die Protagonistin ist die junge, idealistische und tief empfindende Dorothea, deren Heirat mit dem sehr viel älteren Gelehrten Casaubon alle um sie herum für eine schlechte Idee halten. Casaubon sitzt an einem großen Werk über den Ursprung aller Mythologien und beeindruckt Dorothea mit seinen intellektuellen Fähigkeiten. Sie idealisiert ihn und sein Tun und will ihm dienen. Aber Casaubon ist über das Anhäufen von Notizen und das Verfassen gelehrter Abrisse bisher nicht hinausgekommen und wird es zu einer eigenen Theorie schon deshalb nicht bringen, weil er diesen Schritt gar nicht wagt. Umso wichtiger ist ihm die Bewunderung seiner Frau und dass sie ihm nicht auf die Schliche kommt. Also geht er auf Distanz – Gift für eine sensible und kluge Frau wie Dorothea und für diese junge Ehe, deren Niedergang eins der Themen dieses tausendseitigen Lesevergnügens ist – eine weibliche Entwicklungsgeschichte, die in der Literatur ihresgleichen sucht.

Auch die Geschichte ihrer Schöpferin ist besonders und sagt viel über die Bedingungen, unter denen Frauen im neunzehnten Jahrhundert lebten und schrieben. Mary Ann Evans genoss eine für ihre Zeit und ihr Geschlecht recht gute Ausbildung in verschiedenen Mädchenpensionaten – bis sie siebzehn war. Da holte der Vater sie nach dem frühen Tod der Mutter nach Hause, damit sie ihm den Haushalt führte. Während ihre Geschwister sich verheirateten, pflegte sie den Vater, bis er starb. Da war sie dreißig, was damals als alt galt; ihr schien das Schicksal einer alten Jungfer beschieden. Aber: Mary Ann Evans hatte die Jahre im Haushalt zum intensiven Sprachenstudium und zu umfassender Lektüre genutzt. Diese Art von

Eigeninitiative, oftmals in Kombination mit der Förderung durch mächtige Männer, ist es quer durch die Literaturgeschichte immer wieder, die große Autorinnen möglich und bekannt gemacht hat.

Aus dem Haus in die Welt – und wieder ins Haus

Während die englischen Autorinnen des neunzehnten Jahrhunderts auch bei uns weithin bekannt sind, weshalb ich sie zum Teil schon als junge Frau gelesen hatte, fielen mir deutschsprachige Autorinnen aus dieser Zeit kaum ein. Ich musste erst nachlesen, um mir die Frage zu beantworten, welche Autorinnen zur selben Zeit in Deutschland schrieben und ob es in ihren Texten ebenfalls um die Möglichkeiten und Unmöglichkeiten des Frauenlebens ging. Tatsächlich dauerte es in Deutschland bis in die Vierzigerjahre des neunzehnten Jahrhunderts, und damit länger als in England und in Frankreich, bis es in größerer Zahl hauptberufliche Schriftstellerinnen gab. Und als es so weit war, wurde diese Entwicklung von der deutschen männlichen Literaturkritik auf sehr eigene Weise kommentiert, nämlich mit militärischen Begriffen, die an Lage- und Truppenberichte erinnern. Da scheint es um Positionsfragen und Machtabgrenzungen zu gehen, um Gegner*innen, als müsse die eine Partei siegen und die andere unterliegen – »die Frau als Eindringling in die Arena der männlichen Kultursiege«, wie Renate Möhrmann in Metzlers *Frauen Literatur Geschichte* schreibt. Das Problem war: Autorinnen wie Louise Aston, Ida Hahn-Hahn oder Luise Mühlbach wagten sich thematisch aus der ihnen zugewiesenen häuslichen Sphäre und prangerten die politischen Missstände an, die sich durch die unterschiedlichen Lebenswelten der Geschlechter ergaben.

Einer dieser Missstände betraf im Deutschland des neunzehnten Jahrhunderts die Frauen des Bürgertums, deren potenzielle Ehepartner Aussteuer und Vermögen erwarteten. Insbesondere für die Eltern mehrerer Töchter war das bei zunehmender materieller Not kaum zu leisten. Die Möglichkeit, unabhängig von Vater oder Ehemann zu leben, gab es aber nicht, denn dass die Töchter selbst arbeiteten, verbot zwar nicht das Gesetz, aber die bürgerliche oder aristokratische Familienehre. Das Ansehen der Familie wurde nicht zuletzt am Müßiggang der Mädchen gemessen. Eltern mussten froh sein, ihre Tochter durch eine Ehe versorgt zu sehen, und das hieß auch: Liebe musste man sich leisten können. Autorinnen wie Fanny Lewald, Malvida von Meysenbug oder Louise Otto Peters vertraten aus diesen Gründen die Meinung, wenigstens im Fall einer Nichtverheiratung müssten Frauen berufstätig sein dürfen. Auch andere Autorinnen wandten sich sozialen Fragen zu. Sie protestierten in Romanen, Vorträgen und Zeitungsartikeln gegen die Vernachlässigung der Mädchenerziehung, forderten ebenfalls die Berufstätigkeit der Frau und setzten sich für mehr Möglichkeiten zur Entfaltung der weiblichen Persönlichkeit ein.

Eine der schillerndsten Persönlichkeiten dieser Zeit war die Schriftstellerin und Aktivistin Louise Aston, die auch als die deutsche George Sand bezeichnet wird. Ihr Leben zeigt, dass den unterschiedlichen Bildungs- und Berufsmöglichkeiten von Frauen und Männern eine

Doppelmoral entsprach, die die Frau – anders als den Mann – auch in ihrer Sinnlichkeit und Körperlichkeit unterdrückte. Geboren als Louise Hoche, wurde sie von ihren Eltern mit dem englischen Dampfmaschinenfabrikanten Samuel Aston verheiratet – eine Ehe, die geschieden, erneut eingegangen und wiederum geschieden wurde. Mitte der Vierzigerjahre des neunzehnten Jahrhunderts ging Louise Aston nach Berlin, wo sie in linken Kreisen verkehrte, auf offener Straße rauchte, in der Öffentlichkeit Männerkleidung trug und in Kneipen politische Diskussionen führte. Nachdem Aston 1846 ihren Gedichtband *Wilde Rosen* veröffentlichte, in dem sie sich für freie Liebe aussprach, warf man ihr Erregung öffentlichen Ärgernisses und Gefährdung von Sitte und Ordnung vor. Sie wurde von der Polizei verhört und aufgefordert, Berlin zu verlassen. Als ein Jahr später ihr Roman *Aus dem Leben einer Frau* erschien, verwahrte sich ein Rezensent der *Novellenzeitung* aufs Entschiedenste dagegen, dass Frauen in ihren Werken auch soziale Themen behandelten. Dies seien Fragen, »die nur von Männern für Männer verhandelt werden können«.

Anhänger der Geschlechtscharaktertheorie wie dieser Rezensent hatten in Deutschland noch einmal Konjunktur, nachdem die Revolution von 1848/49 gescheitert war und eine Phase des gesellschaftlichen und politischen Stillstands begann – ein empfindlicher Rückschlag für die Sache der Emanzipation und die sie verfechtenden Autor*innen. Dazu kam, dass die Industrialisierung die Arbeitswelt so grundlegend veränderte, dass sich der Kontrast zwischen der öffentlichen und der häuslichen Sphäre noch verstärkte. Frauen waren mit der männlichen Erfahrungswelt zunehmend unvertrauter, während ihre eigenen Möglichkeiten, ihre Zeit sinnvoll zu nutzen, nach wie vor sehr begrenzt waren.

Trotzdem – oder gerade deshalb? – begannen Frauen im Laufe des neunzehnten Jahrhunderts vermehrt, professionell für ein Publikum zu schreiben: Wo eine dreibändige Bibliografie von 1825 rund 500 »deutsche Schriftstellerinnen des neunzehnten Jahrhunderts« verzeichnete, waren es im *Lexikon deutscher Frauen der Feder* von 1898 bereits über 5.000. Parallel dazu bildeten sich neue Lesegewohnheiten aus. Das Buch, insbesondere der Roman, wurde »zum Lebensinhalt des passiven Teils der bürgerlichen Gesellschaft (vor allem also der Frauen und der Jugendlichen, weniger der berufstätigen Männer).« Was da gelesen wurde, war nicht unbedingt von hohem literarischem oder aufklärerischem Wert. Im Gegenteil erschienen zwischen 1840 und dem Ersten Weltkrieg eine Vielzahl von Anstandsbüchern, Lebenshilfen und Ratgebern für Frauen, die angesichts des geistigen Vakuums ihrer Lebensumstände Trost, Orientierung und moralische Belehrung bieten wollten oder einfach Ablenkung und Beschäftigungsmöglichkeiten vorschlugen. Es ging also nach der gescheiterten Revolution nicht mehr darum, etwas zu verändern, sondern darum, der Leserin zu helfen, mit ihrem passiven, dienenden Leben zurechtzukommen.

Die »Frauenfrage« und die »Neue Frau«

Derjenige, der sich der »Frauenfrage« literarisch als Erster stellte, war Henrik Ibsen. Sein Drama *Nora oder Ein Puppenheim* wurde um 1900 zum Inbegriff weiblicher Emanzipation. In Deutschland allerdings kam das Stück, das bis heute regelmäßig auf den Spielplänen der Theater steht, vorerst ohne die eigentliche Schlussszene auf die Bühne. In der Originalfassung des Dramas verlässt die Protagonistin am Ende Mann und Kinder, nachdem sie schmerzlich erkannt hat, dass sie ihr Leben lang nicht viel mehr als ein Spielzeug gewesen ist, zunächst ihres Vaters, dann ihres Ehemanns. Skandalös an Noras Entschluss, fortzugehen, war für die Zeitgenoss*innen die Tatsache, dass sie mit ihrem Mann auch ihre drei Kinder verließ. Die für die deutsche Erstaufführung 1880 am Flensburger Staatstheater gewonnene Nora-Darstellerin weigerte sich, eine solche Figur zu spielen, und Ibsen, der die Aufführung nicht gefährden wollte, schrieb daraufhin das Ende um. In dem geänderten Schluss warf Nora noch einen kurzen Blick auf ihre schlafenden Kinder – und war daraufhin nicht mehr in der Lage, fortzugehen.

Für eine so autonome Figur wie Nora, eine Frau, die aufwacht, die etwas erkennt und danach handelt, war Deutschland, anders als manche Nachbarländer, noch nicht bereit. Aber auch hier erlebte die Frauenbewegung gegen Ende des neunzehnten Jahrhunderts einen Aufschwung. Die sich formierende Arbeiterbewegung gab neue Impulse, stärkte den Gleichheitsgedanken und wirkte der Hierarchie von Männern und Frauen entgegen. Unmittelbar nach dem Ersten Weltkrieg brachen dann in vielerlei Hinsicht neue Zeiten an. Frauen konnten wählen und gewählt werden, sie durften studieren, waren vermehrt berufstätig und verdienten eigenes Geld, was eine politische und soziale Besserstellung mit sich brachte. Auch Berufe, die Frauen bisher verschlossen gewesen waren, wie Richterin und Rechtsanwältin, wurden ihnen im Laufe der Zwanzigerjahre geöffnet. Allerdings sollte das NS-Regime das bald wieder rückgängig machen.

Und wie schlug sich diese Entwicklung in der deutschsprachigen Literatur nieder? Ende der Zwanziger- und Anfang der Dreißigerjahre erschienen zahlreiche Romane, Dramen und Erzählungen, in denen junge Frauen als Heldinnen auftraten, von männlichen wie weiblichen Autor*innen. Vicki Baum, Gabriele Tergit, Marieluise Fleißer, Gina Kaus, Mela Hartwig, Irmgard Keun, um nur einige zu nennen, schilderten die Frau in der modernen urbanen Gesellschaft in unterschiedlichen beruflichen Rollen und privaten Verhältnissen. Sie sind nun nicht mehr (nur) auf der Suche nach dem Richtigen oder bereits mehr oder weniger glückliche Ehefrauen, sondern studieren oder arbeiten als Stenotypistin, Maklerin oder Journalistin. Dabei werden ihnen meist die gleichen Kompetenzen zugeschrieben wie Männern, sie haben aber mit Problemen zu kämpfen, vor die in besonderer Weise Frauen gestellt sind: Die Stenotypistinnen werden von ihren Chefs ausgebeutet und sexuell bedrängt. Die Dienstmädchen in Fleißers *Pioniere in Ingolstadt* müssen sich die Schikanen der Herrschaften gefallen lassen. Vicki Baums Chemiestudentin Helene Willfüer muss sich immer wieder professorale Ausfälle gegen das Frauenstudium anhören und bekommt, als ihre Schwangerschaft unübersehbar wird, die Empfehlung, nicht mehr im Labor zu erscheinen, bis »die ganze Schweinerei« vorüber sei. Auch ästhetisch kündigt sich mit Fleißer, Keun und Tergit Ende der Zwanzigerjahre etwas Neues an. Die Autorinnen brechen mit den epischen Erzähltraditionen des neunzehnten Jahrhunderts in ihren Romanen, die der Neuen Sachlichkeit zugerechnet werden. So arbeitete Gabriele Tergit in ihrem Roman *Effingers,* für den sie sich inhaltlich *Buddenbrooks* zum Vorbild genommen hatte, mit relativ unvermittelt nebeneinanderstehenden Abschnitten und abgerissenen Sätzen und spiegelte so das Fragmenthafte des modernen Lebens in ihrer Literatur wider.

Autorinnen waren nun erfolgreich und in größerer Zahl präsent als zuvor – die Wertschätzung ihrer Literatur hielt sich jedoch weiter in Grenzen. Alfred Döblin etwa, der an der Vergabe des Staatsbürgerinnen-Preises mitwirkte, bemerkte am Rande der Preisverleihung, die »beiden Preisträgerinnen sollten sich nicht einbilden, große Literatur geschrieben zu haben«. Literatur von Frauen stand, wie es in einer meiner Literaturgeschichten heißt, »unter dem Verdacht, bestenfalls Literatur einer ›mittleren Sphäre‹ sein zu können«. Vicki Baum, die mit ihrem 1929 veröffentlichten Roman *Menschen im Hotel* einen Welterfolg samt Hollywoodverfilmung landete, akzeptierte so eine Einstufung sogar. In ihrem Lebensrückblick *Es war alles ganz anders* bezeichnet sie sich selbst als eine »erstklassige Schriftstellerin zweiter Güte«. Allerdings begründet sie das nicht mit ihrem Geschlecht – ein entscheidender Unterschied. Freiwillig mit Blick auf kommerziellen Erfolg, zu schreiben, statt auf literarisches Renommee, das betrachtet sie nicht als etwas Ehrenrühriges, schließlich müsse man auch das erst mal können. In Artikeln aus den Jahren um 1930 aber zweifeln nicht nur Alfred Döblin, sondern auch Autorinnen wie Erika Mann, Gina Kaus, Caroline Urstadt und andere gelegentlich an den literarischen Fähigkeiten von Frauen schlechthin oder an der Befähigung für einzelne Formen wie das Drama oder den Detektivroman. So gesellschaftsfähig wie vor knapp hundert Jahren sind solche Ansichten heute eindeutig nicht mehr – aber bedeutet das, dass sie gänzlich verschwunden sind? Ich komme darauf zurück.

VON KLASSIKERN UND VOM VERGESSEN – WIE FUNKTIONIERT KANONISIERUNG?

Im Herbst 1895 erschienen zwei Romane, deren Protagonistinnen letztlich an der Unmenschlichkeit der gesellschaftlichen Verhältnisse zugrunde gehen. Die eine ist in ihrer arrangierten Ehe einsam und unglücklich und beginnt eine Affäre. Als diese Jahre später bekannt wird, fordert ihr wesentlich älterer Ehemann den ehemaligen Liebhaber zum Duell und lässt sich scheiden. Auch von ihren Eltern wird die junge Frau verstoßen. Erst lange darauf – sie ist inzwischen todkrank – nehmen diese sie wieder auf. Die andere, ebenfalls eine höhere Tochter im wilhelminischen Deutschland, versucht sich auf der ihr vorgezeichneten Lebensbahn – Jungfrau, Gattin und Mutter – zurechtzufinden. Sie hat zutiefst verinnerlicht, was von ihr erwartet wird, und will alles richtig machen. Die Steine, die ihr in den Weg gelegt werden, machen es ihr jedoch zunehmend unmöglich, auf diesem erwünschten Weg zu bleiben. Sie wird immer unglücklicher mit den wenigen Möglichkeiten, die ihr als Frau im Leben noch offenstehen. Auch sie fällt schließlich durch das Raster des gesellschaftlich Akzeptierten und endet krank und allein.

Der erste Roman ist *Effi Briest* von Theodor Fontane, der andere *Aus guter Familie* von Gabriele Reuter. Beide Romane waren große Verkaufserfolge, wurden bereits im Jahr ihres Erscheinens mehrfach nachgedruckt und erlebten in den folgenden Jahren weitere Auflagen. Gabriele

Reuter war damals sechsunddreißig Jahre alt und hatte bereits drei Romane veröffentlicht. *Aus guter Familie* machte sie über Nacht berühmt und wurde zu einem Identifikationsbuch einer ganzen Generation. Theodor Fontane war sechsundsechzig und als Schriftsteller verschiedenster Genres etabliert. Beide waren nicht nur beim Publikum beliebt, sondern fanden auch bei der Kritik Beachtung und Anerkennung. Thomas Mann pries die sechzehn Jahre ältere Gabriele Reuter 1904 als »die souveränste Frau, die heute in Deutschland lebt« (ein allerdings etwas fragwürdiges Kompliment), und Sigmund Freud bescheinigte dem Roman »die besten Einsichten in das Wesen und die Entstehung der Neurosen«. Trotz dieses umfassenden Erfolgs, trotz der Lobesworte geriet Gabriele Reuter seit den Zwanzigerjahren langsam, aber ziemlich vollständig in Vergessenheit. Eine Gesamtausgabe ihrer Werke hat es nie gegeben, und auch in der Literaturgeschichtsschreibung kam sie nicht vor. Theodor Fontanes Werk gibt es inzwischen in mehreren Gesamtausgaben, seine Balladen und Romane sind Schullektüre, seine Werke sind fraglos Bestandteil des Kanons und waren zu keiner Zeit vergessen.

Worin unterscheiden sich diese beiden Romane, und was hat das damit zu tun, welcher Text vergessen wurde und welcher sich dem kulturellen Gedächtnis einschrieb? *Aus guter Familie* wurde in den Zweitausendern durch die Literaturwissenschaft wiederentdeckt, und es wurde viel geforscht, um diese Fragen zu beantworten. »Wiederentdeckt« heißt in diesem Fall allerdings: Der Roman ist nun einem kleinen Fachpublikum bekannt. Gehört man nicht zu diesem Kreis, wird man nicht unbedingt von dem Buch gehört haben. Aber immerhin: Es ist wieder lieferbar, man kann es in der Buchhandlung oder Bibliothek bestellen, und das habe ich getan, weil mich die Tatsache, dass *Aus guter Familie* damals derart erfolgreich war und so hochgelobt wurde, neugierig gemacht hat. Ich wollte wissen, ob der Roman mit *Effi Briest* vergleichbar ist und wie er sich heute liest.

Es ist ein Bildungsroman, der mit dem Tag von Agathes Konfirmation beginnt und zwanzig Jahre später damit endet, dass sie den Verstand verliert. Dazwischen wird erzählt, wie Agathe sich zunächst unglücklich verliebt, wie unmöglich es einem Mädchen ihrer Gesellschaftsschicht gemacht wird, diese Gefühle zu äußern, wie sie später einen Antrag erhält, es jedoch nicht zur Heirat kommt, weil ihr Bruder ihre Mitgift verspielt hat. Viele Optionen, ihr Leben sinnvoll zu verbringen, hat Agathe danach nicht mehr. Sie probiert gewissermaßen an, was passen könnte, beginnt nach mehreren Rückschritten aber zu resignieren und wird schließlich in eine Nervenheilanstalt eingewiesen. Ihr sehr nachvollziehbar geschildertes Schicksal wirkt vor allem deshalb beunruhigend, weil Agathes Sozialisationsbedingungen zunächst sehr günstig scheinen und ihre Bereitschaft zur Anpassung hoch ist. Gerade diese Bereitschaft, die von bürgerlichen Frauen ihrer Zeit gefordert wurde, ist es jedoch, die sie in die Krankheit treibt.

Gabriele Reuters Beschreibungen sind schonungslos, manchmal drastisch. Insbesondere ihre Milieuschilderungen sind eher dem Naturalismus als dem Realismus verpflichtet, beispielsweise bezieht sie den Dialekt und unschöne Details etwa aus dem Leben der Arbeiterinnen mit ein. Zum Schmunzeln gibt es bei ihr, anders als bei Theodor Fontane, kaum etwas, das Geschilderte ist zu ernst, oft auch bitter. Ein weiterer Unterschied: Reuter bietet für die geschilderten Probleme keine Lösung an, erzählt ohne versöhnlichen Ton. All das macht die Lektüre zu einer härteren als *Effi Briest,* die am Ende mit ihrem Schicksal im Reinen ist und alle Schuld am Geschehenen auf sich nimmt. Das letzte Wort bei Fontane hat der alte Briest, der dem Ganzen etwas geradezu Märchenhaftes, Gemütliches verleiht. Bei Reuter gibt es kein solches Ende, das einen beruhigt schlafen ließe. Dass sowohl Effi als auch Agathe den gesellschaftlichen Umständen ihr Lebensglück oder sogar ihr Leben opfern, wirkt bei Fontane, als hätte es letztlich seine Richtigkeit. Bei Gabriele Reuter ist es hingegen verstörend. Fontane erzählt neutraler und gefälliger, wo Reuters Roman auf Ungerechtigkeiten hinweist, aufwühlt und auf alles Abmildernde verzichtet.

Die Literaturwissenschaftlerinnen Renate von Heydebrand und Simone Winko haben untersucht, wie die beiden Romane bei Erscheinen besprochen wurden, und weisen darauf hin, dass *Effi Briest* die Themen Konvenienzehe und Ehebruch als Problem beider Geschlechter schildert, während sich *Aus guter Familie* ganz auf Agathe konzentriert. Sie ist es, die unter den gesellschaftlichen Verhaltensnormen leidet, während die Männer von den eingeschränkten Freiheiten der Frauen profitieren. Agathe begehrt auf gegen die den Frauen nicht zugestandene Sexualität, gegen Standesdünkel, geheucheltes Christentum und politischen Konservatismus. Sie begehrt auf gegen die selbstverständliche Bevorzugung des Sohnes und Bruders und generell gegen die Unmündigkeit der Frauen in der Familie, die sich dem Egoismus des Vaters opfern müssen. Aber ihre Auflehnung bleibt kraftlos, und zwar, weil Agathe die Werte, auf denen diese Missstände beruhen, so verinnerlicht hat. Bei Reuter gibt es keinen Zweifel daran, wer auf wessen Kosten lebt.

Tabubrüche oder Trivialitäten?

Aber ist diese Eindeutigkeit bei Reuter der Grund dafür oder einer der Gründe, dass der Roman ab dem ersten Viertel des zwanzigsten Jahrhunderts nicht mehr gedruckt, gelesen und gelehrt wurde? Ein zeitgenössischer amerikanischer Forscher sieht das so. Er unterstellt den damaligen Rezipient*innen identifikatorisches Lesen und erklärt das Verschwinden von Gabriele Reuter aus dem kollektiven Bewusstsein damit, dass sie als »Dichterin der Frau« gelesen worden sei – die meisten Kritiker und Verleger seien aber an der Darstellung männlicher Erfahrung mehr interessiert als an weiblicher.

Heydebrand und Winko haben sich die zeitgenössischen Kritiken genau angesehen und stellten fest: Nach Erscheinen wurden *Effi Briest* und *Aus guter Familie* in angesehenen Tageszeitungen, in Rundschau-Zeitschriften sowie in speziellen Zeitschriften für Literaturkritik besprochen, Reuter außerdem in Organen für die Frau und aus der Frauenbewegung. Fontane wie Reuter wurden von Kritiker*innen beiderlei Geschlechts rezensiert, überwiegend jedoch von Männern, schon weil diese das Berufsbild dominierten. Beide wurden von beiden Seiten sowohl gelobt als auch getadelt. Auf besondere Weise abgewertet, gar als Frau, wurde Gabriele Reuter in den Besprechungen von *Aus guter Familie* nicht. Allerdings ergibt sich eine »deutliche Benachteiligung durch die Platzierung und den Umfang der Rezensionen: *Aus guter Familie* wird weit häufiger als *Effi Briest* in Sammelbesprechungen abgehandelt, und das noch dazu im Gehege Frauenliteratur; auch sind die meisten Kritiken von Reuters Roman kürzer.« Damit war die entscheidende Weiche für die weitere literaturhistorische Einordnung gestellt: Nicht das Übersehen weiblicher Traditionslinien, sondern die kategoriale Abtrennung der weiblichen Schreibproduktion von der männlichen literarischen Tradition bringt die Autorinnen ins Abseits. Weniger Raum, schlechtere Platzierung und die Markierung als ›von einer Frau, über Frauen, für Frauen‹ innerhalb der Literaturkritik machen im Falle von Gabriele Reuter die Marginalisierung aus. Genau das also, was sich auch über hundert Jahre später bei der Rezeption der Werke von Autorinnen noch nachweisen lässt, wie die Rostocker Studie #frauenzählen gezeigt hat.

Und wie fielen die Besprechungen inhaltlich aus, wie wurden die beiden Romane von der Literaturkritik ästhetisch beurteilt? *Effi Briest* wie *Aus guter Familie* wurden von den zeitgenössischen Rezensent*innen als Gesellschaftskritik gelesen, deren Kunstanspruch nicht bestritten wurde. Victor Klemperer erkannte 1908 in einer größeren Rückschau auf Reuters frühe Romane die anklagende sowie die dokumentarische Dimension von *Aus guter Familie* und verstand das Werk zugleich als »ergreifendste Dichtung«. Aber weder Klemperer noch andere Kritiker benannten das Innovative an Reuters Roman, und das, obwohl Innovation in der Literaturkritik und -geschichte ein etabliertes Kriterium ist. Reuters entscheidender Bruch mit literarischen Konventionen bestand im schonungslosen Aufdecken sexueller Nöte und Zwänge der Frau und in der Thematisierung verborgenen und offenen sexuellen Missbrauchs von Frauen durch Männer. Reuter selbst berichtete, dass ausgerechnet ihre Naturalistenfreunde diese Schilderungen unter »Zweideutigkeiten und Obszönitäten« verbuchten sowie als »Enthüllung von Sexualitäten«. Heute wertet die Literaturwissenschaft Reuters Tabubruch einhellig als Innovation innerhalb des Genres des gesellschaftskritischen Romans. Damals wurde dieses Novum nicht einmal thematisiert.

Es spielen im Falle Gabriele Reuter also zwei Punkte eine ganz wesentliche Rolle, die Joanna Russ in *How to Suppress Women's Writing* hervorgehoben hat: die Abwertung der Gegenstände weiblichen Schreibens und die Zuordnung des Textes zu einer minder gewerteten Gattung von Literatur. Sind diese beiden Feststellungen erst mal getroffen, wie (un)bewusst auch immer, steht er schon im Raum: der Trivialitätsverdacht, dem Romane von Autorinnen historisch seit ihrem Entstehen immer schon ausgesetzt waren, der immer erst mal ausgeräumt werden musste. Tatsächlich weist Reuters Text Merkmale auf, die man als trivial lesen könnte, zumindest bei eher oberflächlicher Lektüre. So sind die Figuren karikierend überzeichnet, und die Symbolik ist überdeutlich. Allerdings geschieht dies mit einer Ironie, die diese Trivialitäten als Zitate kenntlich macht, als parodistische und satirische Darstellung, wie schon Thomas Mann erkannte.

Trotz seiner literarischen Qualitäten und obwohl Reuters Romane bis etwa 1910 mit großer Zustimmung gelesen wurden, kam es nie zu einer Edition gesammelter Werke. Schon im zweiten Jahrzehnt des zwanzigsten Jahrhunderts flaute ihr Ruhm ab, während Fontane immer im

Gespräch blieb und noch zu seinem zweihundertsten Geburtstag 2019 ausgiebig gefeiert wurde. Der Hauptgrund für diesen Unterschied dürfte in Reuters Fall – darauf deuten alle Forschungsergebnisse hin – im Sujet des Romans liegen. Denn das Thema erlaubte es, *Aus guter Familie* in die Schublade »Frauenliteratur« zu stecken – eine Einordnung, die eine gründliche, perspektivenreiche Lektüre ganz offensichtlich verhindert. Die eingeschränkten Erwartungen, die professionelle Leser*innen an Literatur von Frauen herantrugen und teils immer noch herantragen, funktionieren also als Wahrnehmungsfilter und als selbsterfüllende Prophezeiung. Was im Falle Reuter passiert ist, was schon passiert, seit Frauen schreiben und veröffentlichen, ist die Ausgliederung bestimmter Literatur aus dem Kanon und der Literaturgeschichtsschreibung qua Thema: Spezifisch weibliche Lebenswelten werden als Nischenthema behandelt, das nur Frauen interessiert und keine allgemeine Relevanz hat.

Winko und Heydebrand äußern die Vermutung, dass es schlicht männliche Vorverurteilung war, die Gabriele Reuter und vielen anderen Autorinnen den Eintritt ins Pantheon der Literaturgeschichte verwehrte. Sie ergänzen Joanna Russ' Liste der Ausschlussstrategien von Frauen aus dem literarischen Kanon deshalb um einen wichtigen Punkt: die ästhetische Voreingenommenheit. Dabei geht es darum, was bei der Bewertung von Literatur für wichtig erachtet wird. Die beiden Wissenschaftlerinnen stellen fest, dass ethische und soziale Werte bei der Bewertung von Literatur von Frauen oft hinter ästhetischen Werten zurückstehen; das heißt, das Kunstwerk wird ausschließlich in seiner Eigenschaft als Kunstwerk bewertet, nicht aber in Bezug zur Realität. Zugleich werden innovative Darstellungsweisen in Texten von Autorinnen oft gar nicht erst erkannt, oder aber sie werden als Formfehler klassifiziert.

Gründe fürs Vergessen und Erinnern

Was mich bei der Beschäftigung mit diesem speziellen Fall am meisten erstaunt hat: Die Frage nach der ästhetischen Qualität des Textes wurde von der zeitgenössischen Kritik gar nicht erst gestellt. Das Qualitätsargument, das heute zuverlässig in jeder Diskussion um die Marginalisierung von Autorinnen angeführt wird, wurde in Reuters Fall einfach behauptet, ohne dass die literarische Qualität untersucht worden wäre. Behandelte ein Roman einer Frau ein »Frauenthema«, sprich ein Frauenleben, schien sich ein genauerer literaturkritischer Blick von vornherein zu erübrigen. Was nicht erwartet wird, wird also auch nicht überprüft, den Texten dann im Nachhinein aber schlichtweg abgesprochen – eine selbsterfüllende Prophezeiung, die jeder Grundlage entbehrt. Von vornherein wird ein Großteil sogenannter »Frauenliteratur«, so Heyedebrand und Winko, in ein »Ghetto« eingeschlossen, das die Rezeption entweder in Richtung »Trivialität« oder in Richtung »Tendenz« steuert. Mit diesen beiden Behauptungen werde dauerhafte Kanonisierung verhindert, sodass bis ins zwanzigste Jahrhundert hinein nur ganz wenige Autorinnen in der Reihe der männlichen, als allgemein verstandenen Tradition wahrgenommen und gewertet wurden.

Zu diesen wenigen Autorinnen gehören die äußerst wenigen, die in der Schule vorkommen. Annette von Droste-

Hülshoff, deren *Judenbuche* viele aus dem Deutschunterricht kennen, musste nie wiederentdeckt werden, und auch hier hat die Germanistik inzwischen untersucht, warum. Zum einen gab es bei Droste-Hülshoff schon früh umfassende Werkausgaben, also genau das, was bei Gabriele Reuter und zahllosen anderen fehlte. Die 1848 verstorbene Dichterin geriet also gar nicht erst in Vergessenheit und wurde sogar bereits im neunzehnten Jahrhundert in Literaturgeschichten aufgenommen – eine besonders schwer zu nehmende Hürde. Denn deren Verfasser mussten sich im neunzehnten Jahrhundert mit dem Paradox auseinandersetzen, dass sich nach der »natürlichen Verfaßtheit« die Frau »ihrem Wesen« nach ja nicht öffentlich äußern sollte, es aber dennoch tat. Um diesen Widerspruch zu glätten, wurden Ansprüche formuliert, die es ermöglichten, Frauen in Literaturgeschichten ›zuzulassen‹, etwa der Anspruch der Wohlanständigkeit. Es war also die *Biografie* einer Frau, die als Maßstab für die literarische Beurteilung ihrer Werke diente. Eine sehr erhellende Tatsache, wenn man sich anschaut, nach welchen außerliterarischen Kriterien Autorinnen bis heute regelmäßig beurteilt werden. Annette von Droste-Hülshoff immerhin gereichte diese Anmaßung zum Vorteil, denn als katholische Adelige war sie frei von jedem Verdacht der Unanständigkeit. Es war in ihrem Fall Theodor Storm, der den Ausschlag dafür gab, dass die Dichterin mit der *Judenbuche* Bestandteil des literarischen Kanons wurde. Er drang darauf, dass das Werk, das über dreißig Jahre zuvor in einer Zeitschrift erschienen war, 1876 in den 24. Band des *Neuen deutschen Novellenschatzes* aufgenommen wurde, einer mehrfach aufgelegten Sammlung. Da Novellen im neunzehnten Jahrhundert die beherrschende Gattung waren und die Schullektüre des zwanzigsten Jahrhunderts prägten, verhalf Theodor Storm Annette von Droste-Hülshoff damit zu ihrer bis heute anhaltenden Bekanntheit.

Viele der Autorinnen, die heute an der Universität gelehrt werden, waren hingegen lange Zeit vollkommen in Vergessenheit geraten. Das gilt vor allem für den englischsprachigen Raum, insbesondere für die USA, wo der Kanon seit den späten Sechziger- und Siebzigerjahren grundlegend revidiert wurde. Im Zuge der Bürgerrechts- und der Frauenbewegung ging es dabei von Beginn an darum, diejenigen Autor*innen und Werke dem Vergessen zu entreißen und zu rehabilitieren, die zuvor nicht gewürdigt worden waren: die Bücher von Frauen, von Schwarzen und versklavten Menschen und People of Color. Damals wurden Bücher wiederentdeckt, die dann in den Neunzigerjahren, als ich Amerikanistik studierte, schon fester Bestandteil des Kanons amerikanischer Literatur waren und es bis heute sind: Kate Chopins *Das Erwachen,* Charlotte Perkins Gilmans *Die gelbe Tapete,* Zora Neale Hurstons *Vor ihren Augen sahen sie Gott* oder Harriet Jacobs *Erlebnisse aus dem Leben eines Sklavenmädchens.* Als Studentin war mir allerdings überhaupt nicht klar, dass diese Titel noch 1963 nicht mal lieferbar gewesen waren. Was auch bedeutet, dass noch Alice Walker und Toni Morrison in ihrem Studium von einer Autorin wie Zora Neale Hurston nicht erfahren haben dürften.

Bei diesen Wiederentdeckungen ging es um mehr als darum, Vergessenes wieder zugänglich zu machen oder Herausgefallenes in existierende kanonische Kategorien einzugliedern. Es ging damals in den USA wie heute bei uns darum, das historische Verständnis zu erweitern, bisher Ignoriertes einzubeziehen. In den Vereinigten Staaten zog diese Kanonrevision theoretische Debatten darüber nach sich, was Literatur ist, nach welchen Kriterien man sie wertet, was auf universitäre Leselisten gehört, was überhaupt kanonisch sein sollte und was nicht. Dementsprechend gab es in den Achtzigerjahren in der nordamerikanischen Literaturwissenschaft einen starken Schub in der Theoriebildung, auch bekannt unter dem Schlagwort *culture wars.* War man zuvor davon ausgegangen, die Wertung von Literatur könne geschlechtsneutral sein und der Kanon vorurteilslos und objektiv, klärten die sich damals etablierenden *Gender Studies* und die *Postcolonial Studies* über die Zusammenhänge von Kanon und Macht auf. Sie wiesen darauf hin, dass Kanons menschengemacht sind, und forderten, die Dominanz der *Dead White European Males* aufzubrechen. Die Annahme, es habe nur wenige Schriftstellerinnen gegeben und diejenigen, die es gab, seien eben nicht so gut gewesen wie die Männer, wurde systematisch als falsch entlarvt. Autorinnen wurden neu gelesen und bewertet, genau erforscht, erstmals gelehrt, neu aufgelegt und übersetzt. Sie wurden kanonisch.

»Vergessen« oder »verdrängt«?

Eine interessante Frage stellt im Zusammenhang mit dem oft verwendeten Begriff des »Vergessens« der amerikanische Literaturwissenschaftler Todd McGowan: *Warum* wurden diese Werke denn »vergessen«? Seine Theorie: weil die Traumata, die Frauen und Schwarze, BIPoC und LGBTQIA erlebten und beschrieben, sich nicht in die

Weltsicht des bestehenden Kanons integrieren ließen. Sie wurden eigentlich nicht *vergessen,* sondern eher abgewehrt und verdrängt, weil andernfalls eine Auseinandersetzung mit diesen Bereichen der Geschichte hätte stattfinden müssen. Und das wiederum hätte bedeutet, dass eine ethische Verantwortung hätte übernommen werden müssen. Vor dem Hintergrund der Sklaverei, der Kolonialgeschichte und der jahrhundertelangen Unterdrückung der Frau war der Ausschluss dieser »anderen« Stimmen demnach immer schon politisch begründet, ist die ästhetische Begründung stets eine politische.

»Vergessen« ist in diesem Zusammenhang ein Euphemismus, denn tatsächlich geht es nicht um etwas Passives, nicht um etwas, das dem Literaturbetrieb unbewusst unterliefe. Tatsächlich sind es aktive Entscheidungen, ein Werk nicht zu lesen, es nicht zu besprechen, es nicht neu aufzulegen, es nicht in eine Literaturgeschichte aufzunehmen, es nicht zu lehren und es nicht in Kanonaufstellungen aufzunehmen. Es ist ein Akt des Unterlassens, des Ignorierens, der in jedem Fall eine Nichtwürdigung darstellt. Und der oft aus einer Voreingenommenheit resultiert, beispielsweise Themen gegenüber, die aufgrund eigener Privilegien irrelevant oder uninteressant erscheinen und als »unliterarisch« abgestempelt werden. Folgt man McGowans schlüssigen Argumenten, so ging es immer schon um den aktiven *Ausschluss* bestimmter Literaturen und eben nicht um ein *Vergessen.*

Besonders gut lässt sich McGowans Theorie am Beispiel der Literatur Schwarzer Autor*innen nachvollziehen. Noch in der ersten Hälfte des zwanzigsten Jahrhunderts war es versklavten Menschen in den USA bei Strafe verboten, Lesen und Schreiben zu lernen. Die Literatur Schwarzer Autor*innen ist durchzogen vom Trauma eines gewaltsam auferlegten Schweigens – von der Figur der Louvinie in Alice Walkers *Meridian,* der die Sklavenhalter die Zunge herausschneiden, bis zu den sprachlosen Protagonistinnen in den Romanen von Gayl Jones, von den autobiografischen Texten von Maya Angelou bis zu Alice Walkers *Die Farbe Lila,* das gleich zu Beginn ein Sprechverbot zitiert. Die *slave narratives* waren autobiografische Berichte geflohener versklavter Menschen, die den Kampf gegen die Sklaverei unterstützen sollten. Diese literarische Traditionslinie zieht sich bis ins zwanzigste Jahrhundert zu Autor*innen wie Ann Petry, die in naturalistisch geprägten *protest novels* wie *Die Straße* für die soziale Gleichberechtigung Schwarzer Menschen eintritt. In den Romanen all dieser Autorinnen lassen sich die Erfahrungen von patriarchaler und rassistischer Gewalt, oft repräsentiert von denselben Figuren, nicht voneinander trennen. Ein zentrales Thema ist bei diesen Autorinnen das rein physische Überleben, ein anderes die ambivalente Erfahrung der Mutterschaft, die einerseits als erfüllend dargestellt wird, den Unterdrückern aber zugleich als Instrument der psychischen Erpressung dient. Hätte man die Literatur Schwarzer Autor*innen in den USA von den *slave narratives* an als literarisch anerkannt und ernsthaft rezipiert, wie hätte man einer Auseinandersetzung mit der Sklaverei, der gesellschaftlichen Verantwortung und dem immer noch vorhandenen Rassismus aus dem Weg gehen sollen?

Zora Neale Hurston und Alice Walker

Bei der Frage, wie es vergessene Werke schließlich doch in den Kanon geschafft haben, ist der 1937 erstmals erschienene Roman *Vor ihren Augen sahen sie Gott* von Zora Neale Hurston interessant, inzwischen ein Klassiker der Weltliteratur. Seine Protagonistin ist die junge Janie, die von ihrer Großmutter zu einer Ehe mit einem sehr viel älteren Mann gezwungen wird und bald mit einem anderen davonläuft. Auch diese zweite Ehe erweist sich jedoch als nicht glücklich, und schließlich macht sich Janie auf den Weg zum Horizont, ins Unbekannte. Reich an Erfahrungen, guten wie schlechten, kehrt sie Jahre später nach Hause zurück, mittlerweile in ihren Vierzigern, um ihrer Freundin zu erzählen, was sie erlebt hat. Mit dieser Rückkehr beginnt der Roman, der sich durch eine kraftvolle Poesie und Bilder von großer Klarheit und Eindringlichkeit auszeichnet.

Große Teile des Romans spielen in Eatonville, einer rein Schwarzen Kleinstadt in Florida, in der Hurston tatsächlich aufwuchs. Die besonderen Umstände dort hatten starke Auswirkungen auf Hurstons Haltung und auf ihr Werk. Da sie an ihrem Heimatort nicht zu einer Minderheit gehörte, ihre Hautfarbe nicht als etwas markant anderes erlebte, das Anlass für Diskriminierung gegeben hätte, wurde sie nicht von Rassismuserfahrungen geprägt, und auch ihre Texte sind es nicht. Brutaler Rassismus spielt dort keine Rolle, was ihr von sozialkritischen Autoren ihrer Zeit, wie etwa Richard Wright, den Vorwurf einhandelte, ein folkloristisches Idyll zu zeichnen. Stilistisch zielte Hurston darauf, das Mündliche als soziale und kulturelle Handlung ins Schriftliche umzusetzen, wofür sie heute von der Literaturgeschichtsschreibung gewürdigt wird.

Wie bei Gabriele Reuter wurde diese formale Innovation jedoch zunächst nicht als solche erkannt. Dass Hurstons Roman sich von der zeitgenössischen Literatur unterschied, wurde durchaus wahrgenommen, es wurde jedoch nicht als Fortschritt oder Errungenschaft begriffen, sondern herabgewürdigt. Es passte schlicht nicht zu der Ästhetik und Thematik, die von den *weißen* Männern mit homogener Hochschulsozialisation favorisiert wurde, die entschieden, was an die Universitäten und in die Literaturgeschichten gehörte. Damit war Hurston »draußen« und geriet erst mal in Vergessenheit. Die entscheidende Rolle bei der Wiederentdeckung von Zora Neale Hurston in den Siebzigerjahren, gut zehn Jahre nach ihrem Tod, spielte Alice Walker. Gerade die Tatsache, dass Hurston sich zu einer eigenständigen weiblichen Schwarzen Perspektive bekannte und den Mut hatte, im Schwarzen Dialekt zu schreiben, mit dem sie aufgewachsen war, machte sie für Alice Walker, wie auch für Toni Morrison, zu einer der größten literarischen Stimmen ihrer Zeit. Was ihren Roman für beide einmalig machte, war das Selbstbewusstsein der Schwarzen Menschen in *Vor ihren Augen sahen sie Gott,* wie uneingeschränkt, wie vollständig sie als menschliche Wesen dargestellt werden, frei von den einschränkenden und herabsetzenden Vorstellungen, die sich *weiße* Menschen von ihnen mach(t)en.

Walker stand am Anfang ihrer Karriere, als sie Hurston für sich entdeckte, und die Autorin sollte für ihr Selbstverständnis als afroamerikanische Schriftstellerin unverzichtbar werden. Als Walker nach Florida reiste, um das Grab der 1960 einsam und verarmt verstorbenen Hurston zu besuchen, wurde sie auf den segregierten *Garden of Heavenly Rest* verwiesen, in dem individuelle Gräber nicht identifizierbar waren. Walker machte es sich zur Aufgabe, Zora Neale Hurston den ihr gebührenden Platz in der amerikanischen Literaturgeschichte zukommen zu lassen und dafür zu sorgen, dass sie fester Bestandteil des Curriculums wird, und inzwischen wird Hurston dieser Platz nicht mehr streitig gemacht, genauso wenig wie Alice Walker.

Zora Neale Hurston ist ein Beispiel für eine gelungene verspätete Aufnahme in den Kanon, ein Beispiel, das besonders deutlich macht, worum es bei Prozessen der De- und Rekanonisierung immer auch geht: um sich verändernde Werte und gesellschaftliche Verhältnisse und um die Frage, wen und was Texte repräsentieren. Dafür stehen Kanonfragen seit jeher, und auch bei der aktuellen hiesigen Kanondebatte geht es im Kern um Politisches. Denn sie verhandelt Fragen danach, wer mitreden darf, wem Gehör geschenkt wird, wer wem zufolge etwas zu sagen haben sollte und wer nicht. Nach wie vor geht es um die Integration von Texten und Stimmen, die bisher zu wenig Gehör fanden: die Stimmen von Schwarzen Schriftsteller*innen und Autor*innen of Color, von Frauen und von queeren Autor*innen. Es geht um Gerechtigkeit und um die Auseinandersetzung damit, warum diese Stimmen bisher so wenig Gehör gefunden haben. Und es geht darum, die Verantwortung für diesen verdrängten Teil der Geschichte zu übernehmen. Daher rührt die Brisanz von Kanondebatten, daher die Vehemenz, mit der sie geführt werden.

Im selben Maße, wie sich eine Gesellschaft wandelt, wandelt sich der Kanon der Werke, von denen sie sich repräsentiert sieht und an deren Überlieferung sie interessiert ist. Zu einem lebendigen Kanon gehört deshalb Kanonkritik, gehört es, immer wieder Werke durch andere zu ersetzen. Kanonisierung ist etwas per se Dynamisches, Plurales, darin ist sich die Literaturwissenschaft seit etwa Mitte der Neunzigerjahre weitgehend einig. Nachdem dem Konzept in den Siebziger- und Achtzigerjahren von vielen Seiten große Skepsis entgegengebracht und der Kanon als Relikt einer vergangenen bürgerlichen Epoche und Machtinstrument herrschender Gruppen betrachtet worden war, erlebte es durch dieses veränderte Verständnis gewissermaßen eine Rehabilitierung und wird heute von der Literaturwissenschaft wieder überwiegend als etwas funktional Sinnvolles, ja Notwendiges betrachtet. Denn nur wenn eine Auswahl aus der unüberschaubaren Menge literarischer Texte relativ bekannt ist, kann eine Diskussion auch über andere Texte, Formen und Inhalte stattfinden, nur dann kann auf Gemeinsames Bezug genommen werden. In dieses Gemeinsame einzubeziehen, was bisher als marginal betrachtet wurde, mischt überkommene Kategorien und Interpretationsmuster auf. Das ist an sich erst mal eine unschätzbare Bereicherung der Literatur. Was davon warum repräsentativ ist oder nicht, darüber lässt sich diskutieren – *nachdem* diese bisher marginalisierte Literatur zur Kenntnis genommen und gelesen wurde.

WEIBLICHES SCHREIBEN – GIBT ES DAS ÜBERHAUPT?

Schreiben Frauen anders? Ästhetisch betrachtet ist das nicht der Fall, darüber herrscht in der Literaturwissenschaft längst Einigkeit. Es gibt keine Genres, die Frauen schlechter oder besser beherrschten, und es gibt auch keinen biologisch erklärbaren geschlechtsspezifischen Umgang mit Sprache. »Wer also aus der Spezifik weiblicher Körpererfahrung spezifische Weiblichkeitstheorien oder gar einen neuen Mythos des ›Urweiblichen‹« ableite, heißt es in Metzlers *Frauen Literatur Geschichte,* der reproduziere »nichts anderes als die gängigen Vorurteile über das ›Anderssein‹ der Frau – Vorurteile, die bekanntlich über Jahrhunderte hinweg der Legitimation weiblicher Unterdrückung dienten.« Es gilt die Feststellung von Simone de Beauvoir, der zufolge wir in erster Linie soziale Wesen sind und unser Frau- oder Mannsein uns nicht inhärent ist.

Anders verhält es sich bei der Frage nach dem Inhalt weiblichen Schreibens, eben weil Frauen unter gänzlich anderen Bedingungen lebten und noch immer leben als Männer. »Selbst im neunzehnten Jahrhundert lebte eine Frau beinah ausschließlich in ihrem Zuhause und in ihren Empfindungen«, schrieb Virginia Woolf. »Und jene Romane des neunzehnten Jahrhunderts, so bemerkenswert sie waren, wurden zutiefst von der Tatsache beeinflußt, daß die Frauen, die sie schrieben, durch ihr Geschlecht von bestimmten Formen der Erfahrung ausgeschlossen bleiben. Daß die Erfahrung einen großen Einfluß auf erzählende Literatur hat, ist unbestreitbar.«

Es kann bei der Frage nach einem spezifisch weiblichen Schreiben also nicht um einen inhärenten, biologisch bedingten Unterschied, sondern nur um einen erfahrungsbedingt spezifisch weiblichen Blick gehen und um die Frage, was dieser für die Literatur bedeutet. Wo die soziale, politische, ökonomische, kulturelle und intellektuelle Erfahrungswelt von Frauen sich von der von Männern unterschied, sind auch andere Themen und ästhetische Ausdrucksformen zu erwarten. Inzwischen haben sich die Möglichkeiten, als Frau das Leben zu gestalten, sehr erweitert und angeglichen. Identisch sind sie höchstens in privilegierten Einzelfällen, aufs Ganze gesehen aber noch lange nicht, schon weil die Erwartungen an die Geschlechter bis heute so unterschiedlich sind. Und genau darüber schreiben Autorinnen bis heute. Betrachtet man Literatur von Frauen als großes Ganzes, wie ich es in den letzten Jahren getan habe, ergibt das »einen Blick aufs Leben durch anders geschliffene Gläser«, wie es Ruth Klüger formulierte. Was genau diesen anderen Blick ausmacht, das lässt sich innerhalb eines zwanzigseitigen Kapitels kaum beantworten. Ich will aber versuchen, einen Anfang zu machen, indem ich einige Gemeinsamkeiten in der weiblichen Literaturgeschichte zeige, bestimmte Stoffe und Motive vorstelle, die immer wieder auftauchen und auf diese Weise in der männlichen, als allgemein dargestellten Literaturgeschichte nicht vorkommen. Ohne Anspruch auf Vollständigkeit möchte ich ein paar Punkte markieren und zu Linien verbinden, zu Traditionslinien weiblichen Schreibens.

Die gelbe Tapete

Was sich aufdrängt: Immer wieder schreiben Autorinnen darüber, auf die eine oder andere Art nicht an der Welt teilzuhaben. Sie beschreiben, wie sie zum Verstummen gebracht werden, dass sie sich im eigenen Leben fremd fühlen, oder sie erzählen sogar von ihrem gänzlichen Verschwinden. Eins der ersten Bücher, die ich nach meinem Entschluss las, mich ganz der Literatur von Frauen zu widmen, war *Die gelbe Tapete* von Charlotte Perkins Gilman. Die Erzählung aus dem Jahr 1892 war mir im Studium schon mal begegnet, als kanonischer Text der Amerikanistik und als Schlüsseltext weiblichen Schreibens. 2018 brachte sie der Dörlemann Verlag in einer zweisprachigen, bibliophilen Ausgabe heraus, die ich auf meinem Blog vorstellen wollte.

Die Icherzählerin, eine junge Frau, zieht für den Sommer mit ihrem Mann auf ein historisches Anwesen auf dem Land. Sie soll sich erholen, denn sie hat vor Kurzem ein Kind zur Welt gebracht. Sie selbst fühlt sich regelrecht krank, was ihr Mann und ihr Arzt ihr jedoch nicht glauben, die das für »nichts weiter als eine vorübergehende nervöse Depression« halten, »eine leichte hysterische Neigung«. Ihr Rat: Sie soll sich an der frischen Luft bewegen und keinesfalls arbeiten, nicht mal schreiben, obwohl sie selbst glaubt, dass »eine angemessene Aufgabe, dass Begeisterung und Abwechslung mir guttun würden«. Die Tatsache, dass sie sich ohne besondere Anweisung ihres Mannes kaum rühren darf, nennt sie »sehr fürsorglich und liebevoll«. Aber insgeheim ärgert sie sich auch über ihren Mann, und manchmal lässt sich dieser Ärger nicht mehr unterdrücken, zum Beispiel, als sie etwas Merkwürdiges, Unheimliches an dem alten Haus wahrnimmt und ihr Mann sich angesichts ihrer Bedenken nur über sie lustig macht. Sie weiß jedoch, dass ihr Ärger eine Schwäche ist, die beherrscht gehört. Besonderes Unbehagen bereitet der Erzählerin das Zimmer unterm Dach, in dem sie sich tagsüber ausruhen soll. Das Schlimmste an dem Zimmer ist die gelbe Tapete, die an einigen Stellen großflächig heruntergerissen ist – ein Hinweis auf die unheimliche Vergangenheit dieses Dachzimmers, und es gibt weitere. Die Fenster des Zimmers sind vergittert, das Bett ist am Boden festgeschraubt, der Fußboden zerkratzt, zersplittert und zerschlagen. Die Erzählerin zieht keine konkreten Schlüsse aus diesen Beobachtungen, doch je länger sie die Tapete betrachtet, desto sicherer ist sie, darin eine Frau zu erkennen, mehrere Frauen sogar, die fliehen wollen, herauszuklettern versuchen, dabei jedoch umkommen. Sie beschließt, den armen Wesen zu helfen, und reißt nachts meterweise Tapete herunter, um sie zu befreien. Und während sie beginnt, sich einen Reim auf all das zu machen, gleitet sie in den Wahnsinn ab. Spätestens hier wird deutlich: Genau das Gleiche ist in diesem Zimmer mit den angeschraubten Möbeln und den vergitterten Fenstern schon einmal passiert, die Erzählerin ist nicht die erste Frau, die hier oben eingesperrt ist und den Verstand verliert.

Charlotte Perkins Gilman arbeitet mit den Mitteln der Horrorgeschichte, und als solche wurde sie bei ihrem ersten Erscheinen auch gelesen. Erst nach Gilmans Wiederentdeckung im zwanzigsten Jahrhundert wurde gewissermaßen das Muster dahinter erkannt: Hier geht es um die Rolle der Frau in der Gesellschaft, insbesondere in Gilmans Zeit und ihrer Gesellschaftsschicht, der *weißen* nordamerikanischen Mittelklasse des neunzehnten Jahrhunderts. Das Haus, laut Joanna Russ »die wichtigste Institution des Patriarchats«, wird zum Gefängnis, Ehemann, Arzt und Bruder werden zu Gefängniswärtern, die sich paternalistisch als Beschützer geben. Die Erzählerin wird von den Männern klein und unmündig gehalten, ihr wird nicht geglaubt, ihre Wünsche und Bedürfnisse werden nicht gehört und nicht verstanden, ihr wird jede Kreativität verwehrt. Zur totalen Passivität gezwungen, darf sie nicht mal bei Dingen mitreden, die unmittelbar sie und ihren Körper betreffen, geschweige denn eigene Entscheidungen treffen. Ihr Mann ist von seiner eigenen Überlegenheit überzeugt und tut die Ängste und Sorgen seiner Frau als Spinnereien ab; er gibt ihr, durchaus im Bemühen, zu helfen, zuverlässig den falschen Rat. Die Protagonistin macht sich indessen Vorwürfe wegen ihrer Erregbarkeit, denn sie möchte ihrem Mann doch »eine echte Stütze und Gefährtin« sein, wie es von ihr erwartet wird. Aber ebendas Bemühen, sich zu kontrollieren, ruhig zu bleiben, macht sie so unendlich müde und raubt ihr noch die letzte Kraft. Und worunter leidet die Protagonistin besonders? Darunter, nicht schreiben zu dürfen. Es verlangt sie danach, sie verspricht sich Erleichterung davon, aber es ist nicht erwünscht und wurde ihr ausdrücklich verboten. Noch direkter ließ sich auf die Situation von Künstlerinnen und Autorinnen kaum anspielen.

Die gelbe Tapete ist autobiografisch inspiriert. Fünf Jahre zuvor hatte Charlotte Perkins Gilman nach der Geburt ihrer Tochter unter einer postpartalen Depression gelitten. Sie begab sich in die Behandlung von Dr. Silas Weir

Mitchell, Nordamerikas führendem Neurologen, der sich auf die geistige Gesundheit von Frauen spezialisiert hatte. Zu seiner Therapie gehörte strikte Bettruhe. Lesen, Schreiben, Malen waren verboten, auch das Denken sollte nach Möglichkeit unterlassen werden. Seine Theorie gründete auf dem Glauben, dass Frauen wieder glücklich werden würden, wenn sie nur aufhörten, Sachen zu wollen – etwa Bildung, Arbeit oder das Wahlrecht. Mitchell wies Gilman an, ein möglichst häusliches, ruhiges Leben zu führen und nie wieder einen Stift oder Pinsel anzurühren, solange sie lebte. Gilman machte das eine Zeit lang mit, war aber, wie sie später schrieb, nahe daran, den Verstand zu verlieren. Sie brach die Behandlung ab, und später gelang ihr mit *Die gelbe Tapete* der literarische Durchbruch. Ein Exemplar ihrer Erzählung schickte Perkins Gilman nach der Veröffentlichung an ihren Arzt, der in der Erzählung namentlich genannt wird. Er las den Text und änderte daraufhin tatsächlich seine Behandlungsmethoden. Gilman selbst veröffentlichte in der Folge gesellschaftskritische Studien und prangerte in mitreißenden Reden die sozioökonomische Unterdrückung der Frau an. Das grauenhafte Ende beschränkt sich in diesem Fall also glücklicherweise auf das Alter Ego der Autorin.

Engel und Monster

Die gelbe Tapete ist eine »paradigmatische Geschichte über Flucht und Gefangenschaft«. So drücken es die beiden legendären amerikanischen Literaturwissenschaftlerinnen Sandra M. Gilbert und Susan Gubar aus, die in den Siebzigerjahren ein 700-seitiges Gemeinschaftswerk veröffentlichten, das für die feministische Literaturwissenschaft grundlegend werden sollte: In *The Madwoman in the Attic* legten sie dar, dass Frauenfiguren in Romanen männlicher Autoren des neunzehnten Jahrhunderts meist entweder als Engel oder als Monster charakterisiert wurden. Entweder sie sind unterwürfig und haben einen reinen, tadellosen Charakter, oder sie sind sinnlich, rebellisch und unkontrollierbar – bei einer viktorianischen Tochter oder Ehefrau höchst unerwünschte Eigenschaften. In allen Romanen von Autorinnen aus dieser Zeit, die Gilbert und Gubar untersuchten, spiegeln sich diese imaginierten Weiblichkeitsbilder. Eine spezifische Inkarnation des »Monsters« ist dort die vielfach auftauchende Figur der *madwoman in the attic,* der Verrückten auf dem Dachboden. Die Formulierung ist von Charlotte Brontës Roman *Jane Eyre* entlehnt, in dem Rochesters Frau Bertha Mason für verrückt erklärt und auf dem Dachboden gefangen gehalten wird, weil sie unstillbare Wutanfälle hat und dann auch noch ihren Mann attackiert. Bertha Mason ist das Gegenbild zur tugendhaften, fleißigen und beherrschten (wenn auch eigensinnigen und selbstbewussten) Titelheldin Jane Eyre, die als Gouvernante ins Haus und dem Geheimnis bald auf die Spur kommt. Gilbert und Gubar untersuchten das Motiv der Verrückten auf dem Dachboden außerdem bei Jane Austen, Elizabeth Barrett Browning, Christina Rossetti, Mary Shelley, George Eliot und Emily Dickinson. Die beiden Literaturwissenschaftlerinnen zeigen, dass es sich bei der *madwoman in the attic* um ein spezifisch weibliches Motiv handelt, in dem sich die Wut auf die misogyne Welt spiegelt, in der die Figuren und ihre Autorinnen leben mussten.

Was mir erst klar wurde, als ich verstärkt Romane zeitgenössischer Autorinnen las: Das Motiv ist längst noch nicht Geschichte, es wird bis heute variiert. Zum Beispiel in Claire Fullers 2018 erschienenem Roman *Bittere Orangen,* einer Art literarischem Psychothriller mit übersinnlichen Elementen, der eine modernere Version der *madwoman in the attic* erzählt, inklusive heruntergekommenem englischem Herrenhaus. Wie in *Die gelbe Tapete* und *Jane Eyre* spielen auch in Fullers Roman unausgesprochene, unerlaubte Gefühle eine Hauptrolle, unterdrückte Wut, Eifersucht und Begehren. Interessanterweise ist es hier sozusagen das »Monster«, aus dessen Perspektive erzählt wird, zumindest ist das die Selbstwahrnehmung der Protagonistin. Ihre Gegenspielerin ist in der Blüte ihrer Jahre, schön, lebendig und verführerisch. Ist die Icherzählerin anfangs pflichtbewusst und passiv, durch die verinnerlichten Erwartungen gehemmt und immer am Rand des Geschehens, fremd im eigenen Leben, ist die andere freier, glücklicher, aktiv, ganz sie selbst. Sie ist alles, was die Icherzählerin nicht ist, und damit für diese äußerst beneidenswert. Aber wie in *Die gelbe Tapete* lösen sich die klaren Gegensätze vom Anfang im Lauf der Geschichte mehr und mehr auf, Protagonistin und Antagonistin weisen immer mehr Gemeinsamkeiten auf, werden zu Doppelgängerinnen und sind schließlich nicht mehr klar voneinander zu trennen.

Ähnlich ist es in *Wunderland* von Claire Messud, einem meiner Lieblingsromane, der im Original *The Woman Upstairs* heißt – eine deutliche Anspielung auf die Verrückte auf dem Dachboden, die der deutsche Titel leider nicht mehr anklingen lässt. Es geht um Nora (Ibsen lässt grüßen), zweiundvierzig Jahre alt, Lehrerin, kinderlos und alleinstehend. Und Nora ist wütend. Immer hat sie gemacht, was von ihr verlangt wurde, schon als Mädchen hatte sie immer gute Noten, sie hat nie jemandem den Freund weggenommen, hat sich immer ruhig verhalten, hat die Hand ihrer Mutter gehalten, als diese starb, und seitdem täglich ihren Vater angerufen. Sie ist der Engel, der alle Erwartungen erfüllt. Ursprünglich wollte sie eigentlich vor allem zwei Dinge vom Leben, Künstlerin werden und Kinder bekommen. Das Einzige, was von ihrem Traum geblieben ist: In ihrer Freizeit fertigt sie in ihrem Gästezimmer schuhkartongroße, maßstabsgetreue Nachbildungen der Zimmer großer Schriftstellerinnen an. Die entscheidende Wende in ihrem Leben tritt ein, als der achtjährige Reza Shahid in Noras Klasse kommt, den sie sofort in ihr Herz schließt. Von Anfang an fühlt es sich an, als wäre er ihr Kind. Seine Mutter Sirena ist Künstlerin und scheint kein Problem damit zu haben, zu verwirklichen, was Nora nicht gelungen ist. Die beiden freunden sich an und mieten gemeinsam ein Atelier, Nora blüht auf. Als sie Sirenas Mann kennenlernt, spitzt sich jedoch alles weiter zu.

Das Interessante an dem Roman ist, dass immer fraglicher wird, wie weit man der Erzählerin und ihrem Selbstbild, ihrer Darstellung der Dinge trauen kann. Ist Nora wirklich die brave Tochter, die Frau aus dem dritten Stock, die niemals auffällt, und eben nicht *the madwoman in the attic,* wie sie immer wieder betont? Oder ist sie eine unzuverlässige Erzählerin und alles ist ganz anders? Hat ihr Verhalten den Shahids gegenüber nicht etwas Besessenes? Auch hier werden die Grenzen zwischen Engel und Monster immer unklarer, werden patriarchale Rollenklischees unterwandert und gegen den Strich gebürstet. Die Verrückte auf dem Dachboden ist eine Variante des Doppelgänger-Motivs, und zwar eine in der Literatur von Autorinnen weitverbreitete Variante. In dem Standardwerk *Motive der Weltliteratur* aus dem Kröner Verlag, das zwanzig Seiten auf das Doppelgängermotiv verwendet, wird diese Variante jedoch nicht erwähnt, ein weiteres Beispiel dafür, dass in der Literaturgeschichtsschreibung fast ausschließlich die männliche Literatur betrachtet wurde. Was dort eigentlich mindestens stehen sollte: Im Motiv der *madwoman in the attic,* das in der Literatur von Autorinnen seit Jane Austen und bis heute variiert wird, tritt die Antagonistin als alternatives Ich der Protagonistin auf, als ihr Schatten oder Spiegelbild, das all das ist und lebt, was diese nicht ist, nicht sein darf oder sich aufgrund internalisierter äußerer Erwartungen nicht zu sein erlaubt.

Vom Ein- und Ausgeschlossensein

Es gibt noch weitere sich wiederholende Motive, Bilder und Metaphern, mit denen in der Literatur von spezifisch weiblichen Erfahrungen des Abgetrenntseins von der Welt, des Eingeschlossenseins und Unterdrücktseins erzählt wird. Eine deutschsprachige Autorin des zwanzigsten Jahrhunderts, die vom Gefangensein und wiederum von unterdrückten Wünschen und Gefühlen erzählt, ist die 1970 verstorbene Österreicherin Marlen Haushofer. Ihre Protagonistinnen leben nach wie vor in der den Frauen zugewiesenen Sphäre, sollen zu Hause bei den Kindern sein, nicht arbeiten gehen. Und sie trachten danach, Abstand zwischen sich und die Familie zu bringen. In ihrem

Roman *Eine Handvoll Leben* verlässt die Hauptfigur Mann, Kind und Liebhaber mittels vorgetäuschten Selbstmords, um ein freies, unabhängiges Leben zu beginnen. Die Protagonistin in *Die Mansarde* verlagert ihre »unbürgerlichen Ausschweifungen« in ihre Dachkammer (!), die die anderen nicht betreten. Dort zeichnet sie und denkt ihre »Mansardengedanken«. So ist schön säuberlich getrennt, was hierhin und was dorthin gehört, was einer Frau in ihrer Zeit und Umgebung erlaubt ist und was geheim bleiben muss: *»Ich habe einen bürgerlichen Mann geheiratet, führe einen bürgerlichen Haushalt und muss mich entsprechend benehmen. ... Dinge und Gedanken, die mein Mansardenleben betreffen, haben nicht in das übrige Haus einzudringen.«* Wie in den beschränkenden Motiven von Engel und Monster spiegelt sich hier, wie eng der Rahmen dessen war, was Frauen erlaubt war, und wie diese darunter litten.

In fast allen Büchern von Marlen Haushofer finden sich Frauen in der Einsamkeit wieder oder suchen einen Ort für sich, sei es innerhalb der Familie oder außerhalb von ihr. Sie suchen einen Rückzugsraum, der Freiheit bedeutet und das Leben erst erträglich macht, einen Überlebensraum. In ihrem Roman *Die Wand* spitzt Marlen Haushofer das Ein- bzw. Ausgesperrtsein metaphorisch zu. Es ist ein Buch, an das ich mich lange nicht herangewagt habe, weil ich mich der darin geschilderten Situation nicht mal in Gedanken aussetzen wollte, und ich wusste von vielen, dass es ein intensives Leseerlebnis ist, dem man sich nicht entziehen kann. Tatsächlich ist es ein Roman, dessen Szenario, Ton und Stimmung sich einprägen, ein unverwechselbares Buch, das zu meinen Lieblingslektüren der letzten Jahre zählt. Für alle, die *Die Wand* noch nicht kennen, eine kurze

Zusammenfassung: Die Erzählerin, die mit ihrer Cousine und deren Mann ein Wochenende in einer Jagdhütte verbringen möchte, findet sich plötzlich allein im Tal, vom Rest der Welt durch eine durchsichtige Wand abgeschlossen, hinter der alles tot ist. Abgeschnitten von der Menschheit und ihrem gewohnten Leben, ist sie zurückgeworfen auf die Gesellschaft der mit ihr ein- oder ausgeschlossenen Tiere und auf ihre archaischen Fähigkeiten, ohne die sie nicht überleben können wird. Sie ist radikal auf sich allein gestellt und muss lernen, autonom zu leben.

Die Wand macht jede Flucht unmöglich, aber sie ermöglicht auch das Überleben, ist in ihrer Bedeutung also hochgradig ambivalent. Das Tal, das von der nicht näher benannten Katastrophe, die sich hinter der Wand zugetragen haben muss, verschont blieb, ist für die Protagonistin Schutzraum und Käfig zugleich. Während die Kritik sich in Interpretationen überschlug, wofür genau die Wand steht, was für eine Katastrophe genau sich dahinter zugetragen hat, war die Wand für Haushofer, wie sie in einem Interview sagte, »eigentlich ein seelischer Zustand, der nach außen plötzlich sichtbar wird«. Aus dem Raum, der gleichermaßen schützt und gefangen hält, gibt es kein Entrinnen. Manche erkannten deshalb in den von Haushofer geschilderten Seelenzuständen ein Urbild der *conditio humana* und verglichen ihre Texte mit denen von Kafka und den Existenzialisten, vor allem mit Albert Camus. Deshalb wäre dies zum Beispiel ein Roman, der als Schullektüre wunderbar geeignet wäre. Auch, weil er die Möglichkeiten und die Grenzen der Textinterpretation zeigt. Und weil er mindestens metaphorisch die Lebensbedingungen von europäischen Frauen im zwanzigsten Jahrhundert thematisiert.

Keine Glaswand, sondern eine *Glasglocke* trennt Esther Greenwood von der Außenwelt, die Protagonistin von Sylvia Plaths gleichnamigem Roman. Er erschien wie *Die Wand* 1963, unter Pseudonym und einen Monat vor Plaths Suizid. Die Studentin Esther macht in Manhattan ein Praktikum bei einer Frauenzeitschrift. Das Praktikum soll ihre berufliche Zukunft sichern, stattdessen desillusioniert es sie. All ihre Hoffnung ruht auf einem Schreibseminar, für das sie sich beworben hat. Als sie hierfür eine Absage bekommt und ihr damit auch der Weg, professionell schreiben zu lernen und daraus einen Beruf zu machen, verwehrt wird, verfällt sie in eine Depression. Die Glasglocke, unter der sie sich befindet, ist nicht so stofflich konkret wie Haushofers Wand, aber nicht weniger wirkmächtig. Esther fühlt sich hermetisch von der Welt abgeschlossen und sieht sich zugleich zur Schau gestellt, fühlt sich in einem Vakuum gefangen, in dem keine Entwicklung möglich ist. Die Glasglocke ist immer da, jedoch kein Teil ihrer selbst. Esther erstarrt und verzweifelt angesichts einer Welt, in der Frauen zwar zugestanden wird, zu studieren und eine Zeit lang zu arbeiten, in der jedoch erwartet wird, dass sie dann heiraten und Kinder bekommen und wieder aufhören zu arbeiten. Wollte die intelligente und ambitionierte, aber ebenso pflichtbewusste Esther sich dieser konventionellen Rollenerwartung nicht fügen, müsste sie die Tradition brechen und dann mit den Konsequenzen leben – ein Druck, dem sie sich nicht gewachsen fühlt. Ihre Depression wird mit Elektroschocktherapie behandelt, an deren Ende ein Suizidversuch steht. *Die Glasglocke* thematisiere nicht zuletzt, schreibt Jia Tolentino in ihrem großartigen Essay »Pure Heldinnen«, »wie schnell die generalisierten

Erwartungen an konventionelles weibliches Verhalten eine Frau von sich selbst entfernen können«.

Eine der Gegenwartsautorinnen, die in diese Tradition gehören, ist die 1977 geborene argentinische Autorin Ariana Harwicz. »Mein erster Impuls, zu schreiben, entstand dadurch, dass ich mich eingesperrt fühlte und vom Leben und von der Zukunft ausgeschlossen«, sagt sie. »Ich hatte den Eindruck, am Ende meines Lebens zu stehen. In dieser Verzweiflung begann ich meinen ersten Roman zu schreiben, *Stirb doch, Liebling.*« Die namenlose Erzählerin ihres Romans entwickelt statt Mutterglück Mordgelüste und wird von Albträumen und verstörenden Fantasien heimgesucht, »Folgen eines nicht gelebten Lebens, einer nicht akzeptierten Mutterschaft und unterdrückter Sexualität«, wie es in einer Radiobesprechung hieß. Bei der Protagonistin dieses vielfach preisgekrönten Romans denkt man unweigerlich an Sylvia Plath und Marlen Haushofer, und noch ein weiterer jüngerer Roman lässt sich klar in diese Reihe einordnen: *Kim Jiyoung, geboren 1982* von der Südkoreanerin Cho Nam-Joo. Die Titelheldin ist dreiunddreißig Jahre alt, vor einem Jahr Mutter geworden und seitdem mit ihrer Tochter zu Hause, denn auf dem Arbeitsmarkt ist sie nun nicht mehr erwünscht. Neuerdings fällt sie durch merkwürdiges Verhalten auf: Sie redet mit ihrem Mann, als wäre sie ihre eigene Mutter, und scheint sich auch tatsächlich für diese zu halten. Ein paar Tage später spricht aus ihr eine vor drei Jahren im Wochenbett verstorbene Freundin. Nicht selten spricht sie während dieser Zustände unangenehme Wahrheiten aus, ohne sich dann später an etwas erinnern zu können. Ein Fall von Dissoziation. Ganz ähnlich erkennt sich Esther Greenwood in keinem der Spiegel, in die sie im Roman blickt, und nennt während ihres Praktikums in Manhattan in einigen Situationen einen anderen Namen, schlüpft in eine Rolle, weil es sich für sie sicherer anfühlt. Auch sie erinnert sich später nicht mehr an diese Episoden. Die Geschichte der fiktiven Kim Jiyoung, die in Südkorea 2016 erschien, sich über eine Million Mal verkaufte und eine Welle des Feminismus auslöste, ist, wie sich am Ende des Buches herausstellt, gänzlich als psychologischer Bericht verfasst. Es ist ein sachlicher, pathologisierender, männlicher, weitgehend empathieloser Blickwinkel, aus dem die Geschichte erzählt wird. Von Sylvia Plath über Ariana Harwicz bis zu Cho Nam-Joo – und diese Namen ließen sich durch zahllose andere ergänzen – schildern Autorinnen, wie Persönlichkeiten zerstört, wie Frauen krank werden durch die Unmöglichkeit oder die Anstrengung, der ihnen zugedachten Rolle zu genügen.

Weibliche Entwicklungsromane

Die beschriebenen Romane von Cho Nam-Joo und Sylvia Plath und auch von Gabriele Reuter ließen sich auch als Entwicklungs- oder Bildungsromane beschreiben. Im klassischen – männlichen – Entwicklungsroman geht es, wie der Name schon sagt, um die Entwicklung jugendlicher Protagonisten, darum, mit Mut, aber auch mit der Hilfe anderer Menschen Schwierigkeiten zu meistern, Hindernisse zu überwinden und daran zu wachsen, erwachsen zu werden. Nach Vertretern des Genres habe ich zur Abwechslung mal auf Wikipedia geguckt statt in meine angestaubten Fachlexika: Dort finden sich zweiunddreißig Beispiele von *Parzival* über *Wilhelm Meisters Lehrjahre, Siddharta* und den *Zauberberg* bis zur *Blechtrommel.* Neunundzwanzig von den zweiunddreißig Beispielen sind von Männern verfasste Bücher, obwohl es meterweise Entwicklungsromane von Autorinnen gibt. Interessant sind aber auch hier wieder die Unterschiede, die Abweichungen von der Norm, die sich an der Entwicklung männlicher Protagonisten in einer Männerwelt orientiert.

Schon die Protagonistinnen von Charlotte Brontë und Jane Austen zeigen junge Frauen in durchaus vergleichbaren, aber in entscheidender Hinsicht verschiedenen Mühen. Weibliche Figuren kämpfen in Bildungsromanen, anders als männliche, nicht mit und in der Außenwelt, sondern mit den Beschränkungen, die ihnen die Gesellschaft qua Geschlecht auferlegt. Jane Eyre muss nicht nur Armut und erlebtes Unglück überwinden, sondern vor allem die Fesseln, die ihr angelegt sind, weil sie eine Frau ist. Physisch zu entkommen, Abenteuer zu erleben, ist in Entwicklungsromanen von Frauen mit weiblichen Hauptfiguren über lange Zeit nicht möglich – so, wie es eben gesellschaftlich nicht möglich war, das zeigen noch die Romane der frühen Sechzigerjahre. Also versuchen diese Frauenfiguren ihren Weg zu finden, indem sie mit denjenigen verhandeln, die sie zu kontrollieren versuchen. In der Literaturkritik und -geschichte werden diese weiblichen Bildungsromane allerdings nicht Bildungsromane genannt. Sie werden kaum je in eine Reihe gestellt mit den allseits bekannten, heute bei Wikipedia aufgelisteten männlichen Klassikern. Wo es um Frauenleben geht, sind es nämlich: »Frauenromane«.

Entscheidend für die Held*innen*reise ist es, anders als für die klassische Heldenreise, die eigene Identität im Konflikt mit sich selbst zu finden statt im Konflikt mit der Außenwelt. Immer wieder ist es der Widerstreit zwischen den verinnerlichten Erwartungen und der inneren Stimme, den die Figuren auszufechten haben. In Mona Høvrings Roman *Weil Venus bei meiner Geburt ein Alpenveilchen streifte* wird das exemplarisch erzählt. Es geht in dieser Geschichte eines Neubeginns um zwei Schwestern, von denen sich eine schmerzhaft von der anderen lösen muss, um bei sich bleiben oder zu sich finden zu können. Auf kaum mehr als hundert Seiten lotet Mona Høvring die seelischen Verletzungen ihrer Protagonistin aus, zeigt ihren Willen, zu verstehen, sich zu entwickeln, und ihre Bereitschaft, dafür schmerzhafte Erkenntnisse zuzulassen. Letzteres unterscheidet sie von ihrer Schwester, die lieber nicht reflektiert, was sie erlebt, die das Märchen leben will. Wie schon in Høvrings Debüt, *Was helfen könnte,* hat das Ausleben von Sexualität und das Interesse an verschiedenen sexuellen Identitäten auch hier etwas Befreiendes, Heilendes, auch Erkenntnisförderndes und damit Lebenswichtiges. Ella überwindet die verinnerlichte Dualität, in der sie gefangen ist, befreit sich von dem, was sie quält, was Macht über sie hat, und entdeckt mit der Unterstützung anderer Frauen und mithilfe der Literatur ihre eigene Identität.

Die Besonderheit der weiblichen Subjektivität zu erfassen, war das erklärte Anliegen deutscher Schriftstellerinnen der Siebziger- und Achtzigerjahre. Die Frauenbewegung hatte ein Bewusstsein dafür geschaffen, dass es für weibliche Perspektiven in der Literatur keine Tradition gab, dass eine Geschichtsschreibung weiblicher Subjektivität fehlte. Um dem ein Ende zu machen, schrieben Frauen autobiografische Texte, die gleichermaßen eine Ichsuche darstellten wie ein Bezeugen ihres Lebens und ihrer Perspektive für andere. Zeitgleich wurden Verlage und Verlagsreihen ins Leben gerufen, in denen große Teile dieser Literatur erschienen, darunter die Taschenbuchreihen *die frau in der gesellschaft* bei Fischer, *neue frau* bei Rowohlt und *Die Frau in der Literatur* bei Ullstein. Diese sehr verdienstvollen Reihen waren sehr erfolgreich, was sicher auch mit ihrer Heterogenität zu tun hatte: Von Genre- bis Hochliteratur, vom Ratgeber bis zur Gesellschaftsanalyse fand sich hier alles. Aus heutiger Sicht verstärken sie jedoch auch die Vorstellung, dass Frauen nur für Frauen schreiben. Große Teile der in diesen Reihen erschienenen Bücher sind heute leider nicht mehr lieferbar und vergessen, dabei sind es Fundgruben mit literarischen Schätzen, die unbedingt aus der Frauenecke herausgeholt und der nächsten Generation von Leser*innen zugänglich gemacht werden sollten.

Autofiktion und Essay

Das Narrativ vom fremdbestimmten Ich, das sich zum wahren Selbst hin entwickelt, wurde von manchen Autor*innen kritisch betrachtet. Viele wandten sich deshalb einer Erzählform zu, die weder ganz fiktiv noch rein autobiografisch ist – dem autofiktionalen Schreiben. Hier war und ist eine differenziertere Auseinandersetzung mit Subjektivität möglich als im (Entwicklungs-)Roman. Autorinnen wie Verena Stefan, Helga Novak oder Brigitte Schwaiger ging es auch um die Erfahrung von Identitätsmangel, von einer verinnerlichten Deformation, gegen die nicht anzukommen ist. Von diesen Schriftstellerinnen lässt sich eine direkte Traditionslinie zu den autofiktionalen Texten von heute ziehen, und auch die Texte von Annie Ernaux und Tove Ditlevsen, Maya Angelou und Audre Lorde, die zum Teil jetzt erst ins Deutsche übersetzt und hierzulande entdeckt wurden, stammen aus dieser Zeit. Ditlevsen mit ihrer Kopenhagen-Trilogie und Ernaux mit Büchern wie *Die Jahre, Eine Frau* und *Der Platz* haben beide mehrere sehr schmale Bände geschrieben, in denen persönliche Erfahrungen und Entwicklungen im Kontext sehr genau beschriebener gesellschaftlicher Verhältnisse äußerst sachlich dargestellt werden, frei von jeder Sentimentalität, frei von Schuldzuweisungen oder Opfernarrativen. In dieser Tradition stehen auch jüngere Autorinnen wie Emine Sevgi Özdamar, Rachel Cusk, Deborah Levy und Sheila Heti.

Überhaupt in die Lage zu kommen, die eigene Geschichte selbst zu erzählen, sich frei zu machen von den dominanten Deutungen des eigenen Erlebens durch andere, zu sich zu finden oder bei sich zu bleiben, darum geht es auf ganz verschiedene Weise in den autofiktionalen Romanen der preisgekrönten Autorinnen Isabelle Lehn und Deniz Ohde. Ohde, die mit Annie Ernaux verglichen wird, beschreibt eine von Rassismus und Klassismus, von Ausgrenzung und seelischer wie körperlicher Gewalt geprägte Jugend am Rand eines deutschen Industrieparks und stellt durch ihr genaues Hinsehen den Glaubenssatz infrage, Aufstieg durch Bildung sei hierzulande für alle möglich. Auch Isabelle Lehn greift ein tabuisiertes Thema auf, indem sie mit einer radikalen Direktheit und Offenheit über den weiblichen Körper schreibt, über Krankheit und Depression und das Spiel mit Fakt und Fiktion dabei auf eine ganz neue Ebene hebt. In diese Reihe gehört auch der autofiktionale Roman *Schläge* der indischen Schriftstellerin Meena Kandasamy. Sie erzählt die Entwicklung einer jungen Frau, die bereits als Autorin ihr Geld verdient, als sie ihren Freund heiratet, einen Kommunisten, der einnehmend reden kann und sehr genaue Vorstellungen von so ziemlich allem hat, nicht zuletzt davon, wie seine Frau zu sein hat. Kandasamy beschreibt, wie aus der selbstständigen Frau innerhalb kürzester Zeit eine unterdrückte und geschlagene Frau wird und welche Rolle Liebe, Ungläubigkeit und Nachgiebigkeit dabei spielen. Ihre autofiktionale Protagonistin wird überwacht und kontrolliert, der Internetanschluss wird ihr gekappt, ihr Computer kontrolliert, sodass sie keine Möglichkeit mehr sieht, zu schreiben und zu veröffentlichen. Ihr bleibt nur noch eins: ihrerseits ihren Mann zu beobachten, Stoff zu sammeln, zu analysieren, sich in Gedanken Notizen zu machen. Das schafft eine Distanz, die ihr die Situation erträglich macht. Gleichzeitig übernimmt die autofiktionale Figur auf diese Weise die Regie, steuert den Plot der Handlung so, dass er schließlich das Ende nimmt, das sie im Sinn hat. Es ist eine Geschichte, die in Indien spielt, die sich aber, wie die *Kirkus Review* schrieb, jederzeit überall auf der Welt zutragen könnte. Die der Erzählerin drohende Auslöschung ist hier nicht »nur« geistig und psychisch, sondern physisch und sehr konkret.

Neben dem Roman, der rein fiktionalen Möglichkeit, von sich zu erzählen, und der Autofiktion, einer hybriden Variante, ist in den letzten Jahren gerade von Frauen eine nonfiktionale Form wieder verstärkt zur Selbsterkundung und -positionierung genutzt worden: die des Essays. Autorinnen wie Jia Tolentino, Emilie Pine, Asal Dardan und

Leslie Jamison haben sich in eigenen Essaybänden thematisch vielfältig außerhalb äußerer Zuschreibungen selbst verortet – hochinteressante und erhellende Bücher, für mich persönlich mit die wertvollsten Lektüren der letzten Jahre. Auch Anthologien, die persönliche Essays mehrerer Autorinnen zu einem bestimmten Thema versammeln, gab es in den letzten Jahren vermehrt. In *FLEXEN: Flaneusen* schreiben Städte* erzählen Frauen, People of Color und queere Menschen ihre speziellen Stadterfahrungen, und auch der Anthologie *Eure Heimat ist unser Albtraum* ging es darum, Stimmen jenseits der Dominanzgesellschaft ein Forum zu geben und Perspektiven zu Wort kommen zu lassen, die lange zurückgedrängt wurden. Damit erzählen sich die Autor*innen dieser Bände nicht nur selbst neu, wie Simon Sahner schreibt, sie »emanzipieren und definieren sich nicht nur nach ihren eigenen Maßstäben, sondern leisten auch Aufklärung und Emanzipationshilfe für ihre Leser*innen«.

Und was ist nun mit dem Begriff »weibliches Schreiben«?

Es sind diese zwei Momente, die für Literatur von Frauen von jeher charakteristisch sind, egal wie fiktional oder nonfiktional: sich zum einen selbst zu verorten, sich zu ermächtigen, die eigene Geschichte selbst zu erzählen, statt sich in die Erwartungen und die patriarchalen Narrative von Weiblichkeit zu fügen. Und zum anderen aufmerksam zu machen auf diese zurückgedrängte Perspektive, aufzuklären. Das kann heißen, dem Bild der Verrückten auf dem Dachboden die innere Perspektive entgegenzusetzen,

Klischees durch komplexe Figuren zu ersetzen. Und es kann heißen, über Themen zu sprechen, die tabuisiert sind, wie es Deniz Ohde und Isabelle Lehn tun, also gegen die von einer Gesellschaft gepflegten Mythen anzugehen oder über den weiblichen Körper zu sprechen, auch und gerade da, wo es unschön wird. Dies ist für Autorinnen jedoch immer mit der Gefahr verbunden, dass ihre Texte von der Literaturkritik qua Thema als zweitklassig eingestuft werden.

Nicht wenige Autorinnen wehren sich genau wegen dieser Abwertung gegen den Begriff »weibliches Schreiben«. Warum überhaupt nach Geschlecht unterscheiden? Man will doch nicht immer als Frau, sondern einfach gleichwertig als Autorin wahrgenommen werden. Virginie Despentes lässt aus diesem Grund nur ihren Nachnamen auf die Cover ihrer Bücher drucken. Auf den Büchern der Autorin A.M. Homes stehen bis heute nur ihre Initialen, um dieser Falle zu entgehen, und sie schreibt häufig aus männlicher Perspektive, mit männlichen Hauptfiguren. Genau wie J.K. Rowling, der, als sie anfing, gesagt wurde, mit einem weiblichen Vornamen würde sie nicht von Jungen gelesen werden. Auch Antonia Baum wollte, als sie zu schreiben begann, nicht speziell als weibliche Autorin wahrgenommen werden. Mit der Vorstellung einer lebensunfähigen, von Männern abhängigen Frau, die doch nie so gut sein würde wie diese, wollte sie nichts zu tun haben, wie sie schreibt, das Label »weibliches Schreiben« empfand sie geradezu als Beleidigung. Die Biografen, Professoren und Literaturgeschichtsschreiber haben also ganze Arbeit geleistet. Antonia Baum nannte sich deshalb entschieden »Schriftsteller«, versuchte in ihrem Schreiben

Abstand zu allen »Klischees weiblichen Schreibens und all den damit verbundenen Entwürdigungen« zu halten und reiste 2011 unter dieser männlichen Bezeichnung zum Bachmann-Wettbewerb nach Klagenfurt. Das schützte sie jedoch nicht vor den geschlechtsspezifischen Abwertungen der Literaturkritik, schließlich saß vor der Jury immer noch eine Frau. »Als ich fertig war, fanden alle, außer dem Juror, der mich eingeladen hatte, meinen Text schlecht«, schreibt Baum. »Sie fragten sich, ob ich ihn bewusst so geschrieben hatte, außerdem insinuierte einer der Juroren, ich sei bei diesem Wettbewerb nur gelandet, weil sich der Juror, der mich eingeladen hatte, in mich verliebt habe, und das Interessanteste daran war eigentlich, dass ich mich darüber überhaupt nicht wunderte.« Sie kommt zu dem Schluss, dass ihr Versuch, dem Klischee des »weiblichen Schreibens« zu entkommen, zu keinem Zeitpunkt funktioniert habe. Wenn eine Frau offen und ehrlich schreibe, dann habe sie ganz automatisch einen genderspezifischen Blick und dann spiele dieser auch eine Rolle. »Und auch wenn die Bezeichnung ›weibliches Schreiben‹ bei mir noch immer Affekte auslöst, verstehe ich, warum es sie gibt. Und dass nicht das ›weibliche Schreiben‹ eine Beleidigung ist, sondern die Bedingungen, unter denen man in dieser Gesellschaft eine Frau ist.«

BANAL,
KITSCHIG,
TRIVIAL –
WIE AUTORINNEN BESPROCHEN WURDEN UND WERDEN

Ein eindrücklicher Beleg dafür, dass Autorinnen einer voreingenommenen Betrachtung ausgesetzt waren und dementsprechend anders rezensiert wurden, ist der 1847 erschienene Roman *Sturmhöhe* von Emily Brontë, der zunächst unter dem Pseudonym Ellis Bell erschien. Denn in diesem Fall gibt es beides: Rezensenten, die noch glaubten, der Roman stamme von einem Mann, und solche, die das Buch nach Lüften des Pseudonyms besprachen. Erstere lobten Inhalt, Sprache und Moral von »Ellis Bell«, beim selben Roman von Emily Brontë wurden die Jugend und beschränkenden Lebensumstände der Autorin herausgestellt sowie die ›femininen‹ Attribute des Textes. Der Autor Bell wurde mit einem rauen Seemann verglichen, die Pfarrerstochter Emily mit einem flatternden und bald erschöpften Vogel im Käfig. Das macht besonders deutlich, was die Literaturwissenschaft auch an anderen Beispielen belegt hat: Im neunzehnten Jahrhundert wird Literatur von Frauen zuallererst nach biografischen Prämissen beurteilt. Selbst noch die Literaturgeschichten (und keinesfalls nur christlich geprägte) setzten den Text in ein Verhältnis zum Anstand der Autorin.

Je deutlicher eine Autorin von den Erwartungen abwich, die an ihr Geschlecht gestellt wurden, desto heftiger die (Literatur-)Kritik, mit der sie sich konfrontiert sah. Ein Beispiel aus dem zwanzigsten Jahrhundert ist Françoise Sagan, die 1954 kurz nach ihrem Abitur mit ihrem Roman *Bonjour*

Tristesse auf einen Schlag berühmt wurde. Dass eine so junge Frau derart selbstbewusst über Lust und Liebe schrieb und sich anmaßte, implizit vorherrschende Formen der Erziehung und des gesellschaftlichen Umgangs mit Kindern zu kritisieren, schockierte das Nachkriegsfrankreich. Dass diese Autorin dann mit ihrem kommerziellen Erfolg auch noch begann ein ausschweifendes Leben zu führen, inklusive Drogen, Glücksspiel, schneller Autos und wechselnder Geliebter, tat das Übrige. Bis in die Nachrufe hinein zog Françoise Sagan eine Verachtung auf sich, die ihresgleichen sucht. Vom »vorwitzigen Weibchen« und vom »Monster« war da die Rede, auch in deutschsprachigen Nachrufen. Wurde *Bonjour Tristesse* bei Erscheinen und noch lange darauf überwiegend als Geschichte eines verwöhnten Biests gelesen, das eifersüchtig über seinen Vater wacht und sich nimmt, was es will, erkennen heutige Leser*innen wie Rachel Cusk in dem Roman »ein meisterhaftes Porträt früher menschlicher Bindungen und Bedürfnisse«. Françoise Sagan hatte sich einen Lebensstil erlaubt, der für einen Mann nicht derart ungewöhnlich gewesen wäre, für Frauen aber nicht vorgesehen war – darüber konnten Leser*innen und Kritik bei der Beurteilung ihres Werkes nicht hinwegsehen. Nicht nur bei der Lebensweise wurde mit zweierlei Maß gemessen, auch die Literatur wurde gemäß dieser Doppelmoral beurteilt.

Zweierlei Maß

In den deutschsprachigen Ländern war das nicht anders. In den Jahrzehnten nach dem Zweiten Weltkrieg wurde Autorinnen, die sich kritisch mit der gesellschaftlichen Realität auseinandersetzten, wiederholt ein ›böser Blick‹ unterstellt. Gisela Elsner, Elfriede Jelinek, Renate Rasp und Gabriele Wohmann, allesamt Autorinnen, die mit scharfer Ironie, bissiger Satire und realitätsverzerrender Groteske auf soziale und politische Entwicklungen im deutschsprachigen Raum reagierten, wurden wiederholt mit diesem Begriff in Verbindung gebracht.

Gegenstück zu diesem »bösen Blick« ist der »zärtliche Blick« – bis heute eine von der Literaturkritik gern verwendete Bezeichnung, die fast ausschließlich positiv konnotiert ist, wenn es um Literatur von Frauen geht. Die Literaturwissenschaftlerin Antje Schmidt diagnostizierte in einem Artikel vom Juli 2020 eine »Obsession der gegenwärtigen Literaturkritik für das Label ›zärtlich‹«, das auf viele Texte von Autorinnen appliziert werde, ganz »unabhängig davon, ob nun Zartheit im Tonfall oder im Umgang mit den Figuren tatsächlich das herausstechende Merkmal des besprochenen Werks ist«. Sie weist darauf hin, dass diese Zuschreibung in der Tradition des jahrhundertealten binären Verständnisses von Autor(innen)schaft steht, dem zufolge Frauen naive und empfindsame Texte schrieben, Männer aber geistvolle und geniale Künstler seien.

Unterschiedlich bewertet werde selbst dann, wenn der Stoff im Grunde der gleiche sei. Zweierlei Maß, auch hier. Die Autorin Tanja Dückers brachte es in einem Beitrag für *Deutschlandfunk Kultur* so auf den Punkt: »Endlose Abhandlungen über Potenz- und Prostataprobleme gelten jedes Jahr als nobelpreisverdächtig; wenn Autorinnen übers Kinderkriegen oder ihren Körper schreiben, wird dies schnell als ›Menstruationsprosa‹ abgetan.« So machte Marcel Reich-Ranicki beim ersten Klagenfurter

Bachmann-Wettbewerb im Jahr 1977 Karin Struck mit den Worten nieder: »Wen interessiert, was die Frau denkt, was sie fühlt, während sie menstruiert? Das ist keine Literatur – das ist ein Verbrechen.« Tanja Dückers spielt auf Philip Roth an, wenn sie darauf verweist, dass vergleichbare Themen bei männlichen Autoren anders bewertet werden, auch der riesige Erfolg von Karl Ove Knausgårds sechs autobiografischen Romanen mit einem Gesamtumfang von mehreren Tausend Seiten wäre unter diesem Gesichtspunkt eine genauere Betrachtung wert.

Das ist es, was Joanna Russ in *How to Suppress Women's Writing* »double standard of content« nennt: Schon beim Inhalt misst die Literaturkritik die Werke von Frauen und Männern mit zweierlei Maß. Es wird unterschiedlich bewertet, selbst wenn Männer und Frauen über das Gleiche schreiben. Die Literaturwissenschaftlerin Veronika Schuchter hat genau dieses Feld untersucht und festgestellt, dass bestimmte Texteigenschaften in der Literaturkritik klar männlich oder weiblich konnotiert sind. Werden einem Text weibliche Eigenschaften zugeschrieben, etwa hohe Emotionalität oder »empathisches Schreiben, aus dem Leben gegriffenes Schreiben, große Authentizität«, so wird er damit zumeist als trivial eingeordnet, als unliterarisch. »Männlich« konnotierte Texteigenschaften dienen weiten Teilen der Literaturkritik dagegen zur Aufwertung eines Werks, da wird dann »seziert«, da ist ein Text »analytisch«, »distanziert« oder »rasiermesserscharf«. Und auch hier liegt in der Zuschreibung bereits die Wertung, hinter die es dann kein Zurück mehr gibt, für die keine genauere Betrachtung mehr nötig scheint.

Müssen Autorinnen sich also einen »männlichen Stil«

aneignen oder sich auf Themen verlegen, die Männer für wichtig erachten, um von der noch immer männlich dominierten Literaturkritik ernst genommen zu werden? Die Autorin Isabelle Lehn sieht darin keine Lösung. Ihr erster Roman handelte vom Krieg und erhielt dafür zwar Anerkennung, allerdings mit der Einschränkung, er sei »verkopft«. »Anders ausgedrückt«, so Lehn, »er galt als zu konstruiert, zu erdacht, er wurde mir nicht geglaubt als Teil meiner (weiblichen) Erfahrungswelt.« Klingt, als könnte man als Autorin nicht gewinnen und als hätte sich *so* viel dann seit dem neunzehnten Jahrhundert doch nicht geändert. Auch heute noch spüre man, so Mithu M. Sanyal, dass man »als Frau, die selber schriftstellerisch aktiv wird, etwas tut, was ihrer Geschlechterrolle nicht angemessen zu sein scheint«. Bereits der weibliche Wunsch, zu schreiben, so Isabelle Lehn, das Einnehmen einer eigenständigen Perspektive, der Anspruch auf Ausdruck der eigenen Gedanken und Gefühle werde bis heute häufig als Provokation wahrgenommen. Das macht auch die Art und die Heftigkeit deutlich, mit der Kritiker noch immer regelmäßig nicht nur über die Texte von Autorinnen, sondern auch über die Autorinnen selbst sprechen.

Ein paar Verrisse aus jüngster Zeit

Wenige Wochen bevor bekannt gegeben wurde, dass Inger-Maria Mahlke für ihren Roman *Archipel* den Deutschen Buchpreis 2018 erhalten würde, erschien im *Spiegel* ein Porträt der Autorin, in dem sie als überemotional, fahrig und naiv dargestellt wurde, eher als kleines Mädchen denn als ernst zu nehmende Schriftstellerin. Dass sie »eine Menge

Preise« gewonnen habe, wird erwähnt, deutlich öfter wird aber betont, dass Mahlke »dem breiteren Publikum nicht sonderlich bekannt« sei, dass der Verkauf ihres Romans schlecht liefe, dass ihre Bücher »als große Literatur« gälten, aber »alle floppten mehr oder weniger«. Für den Verfasser des Textes scheinen hohe Verkaufszahlen das eigentliche Qualitätsmerkmal eines Textes zu sein. »Die drei, vier Mahlke-Fans, die es da draußen irgendwo gibt«, schließt er, »können sicher sein, dass Mahlke unabhängig davon bald wieder die braune Nickihose anziehen und weinend vor ihrem Computer sitzen wird.« Ein Artikel, der die Autorin lächerlich zu machen versucht und der schon eher boshaft als respektlos genannt werden muss.

Als 2014 nach mehreren Erzählungsbänden der erste Roman von Judith Hermann erschien, *Aller Liebe Anfang,* druckte die *FAZ* eine Rezension, die mit den Worten begann, diese Autorin habe »zwei Probleme: Sie kann nicht schreiben, und sie hat nichts zu sagen.« Ihr Stil gelte zwar als kunstvoll, sie selbst wegen ihrer Erzählungen als eine der wichtigsten Stimmen der jüngeren Literatur, in der betont reduzierten Syntax vermutete der Rezensent jedoch »gedankliche Schlichtheit« oder »einfach nur Unvermögen« und äußerte den Verdacht, Hermann wisse »gar nicht, was bestimmte Wörter bedeuten«.

Ein drittes Beispiel: Deniz Ohdes Debütroman *Streulicht,* der unter anderem mit dem Literaturpreis der Jürgen-Ponto-Stiftung und dem *aspekte*-Literaturpreis ausgezeichnet wurde, außerdem auf der Shortlist des Deutschen Buchpreises stand, wurde im *Lesenswert Quartett* des *SWR* von vier Kritiker*innen besprochen. Drei bedachten das Buch in der Sendung mit viel gut begründetem Lob, zuletzt schaltete sich der Gastgeber mit einer ganz anderen Meinung ein: »Diese Autorin ist so humorfrei, so frei von einer Spur von Geist und Eigenständigkeit in der Intellektualität, dass ich ihr eine große Zukunft in der deutschen Gegenwartsliteratur prophezeien kann, solange es solche Kritiker gibt.« Er habe sich *wahnsinnig* gelangweilt und geärgert über dieses flache und banale Buch, sagte er und verstieg sich schließlich zu der Aussage: »Diese Autorin kann nicht denken!« Von einer Kollegin nach Textbeispielen gefragt, antwortete er, das ganze Buch sei ein einziges Beispiel, nannte also keines. Und die Frage, warum er zu diesem Buch nicht »eine minimal weniger radikale Position« einnehmen könne, überging der bekannte Kritiker ganz.

Warum so radikal?

Bei derartigen Abrechnungen, bei so persönlichen Attacken drängt sich der Verdacht auf, dass es eben genau darum gehen könnte – um etwas Persönliches. Ungeachtet dessen sollen die Aussagen hier aber als das betrachtet werden, als was sie sich ausgeben: als Literaturkritik und Akte der Wertung. Warum ist bei allen genannten Beispielen der Ton derart verächtlich, das Urteil so vernichtend? Woher der Furor? Warum so radikal? Ein genauerer Blick auf diese und andere Beispiele zeigt einige Übereinstimmungen.

Durchweg handelt es sich um besonders erfolgreiche, mehrfach ausgezeichnete Autorinnen, die wie Judith Hermann und Deniz Ohde bereits mehrere Literaturpreise und viel Anerkennung vom Feuilleton bekommen hatten.

Und weil das so ist, muss gleich die gesamte Literaturkritik mit angegriffen und mehrfach wiederholt werden, dass diese Autorin maßlos überschätzt werde und alle, die es anders sähen, keine Ahnung hätten. Judith Hermanns Rezensent verdächtigt »die Literaturkritik« der »Nachsicht«, bei Deniz Ohde hält es der aus dem Fernsehen bekannte Literaturkritiker für einen »Offenbarungseid für die deutsche Literaturkritik, dass ein so schwacher Text es so weit bringen durfte«.

So lief es auch, als Karen Köhler nach ihrem sehr positiv besprochenen Erzählungsband *Wir haben Raketen geangelt,* der zudem ein Bestseller war, 2019 ihren von Publikum und Kritik mit Spannung erwarteten ersten Roman veröffentlichte. Sie erzählt darin von einer jungen Frau, die in einer isolierten Gesellschaft aufwächst, in der heilige Gesetze gelten und Männer das Sagen haben, in der Frauen weder lesen noch schwimmen lernen dürfen. An nichts davon hält sich Köhlers Protagonistin. Ein Blogger und Radiokritiker bezeichnete *Miroloi* als »naives Jugendbuch« und sprach ihm zusammen mit mehreren anderen Romanen (fast ausschließlich von Frauen), die sich zu dieser Zeit gut verkauften, mittelbar die Berechtigung ab, im Feuilleton besprochen zu werden und »Literatur im eigentlichen Sinne« zu sein. Und auch in diesem Fall gibt es einen Vorwurf an die Kritikerkolleg*innen, die samt und sonders dem Verlagsmarketing auf den Leim gegangen seien. In einem ersten Schritt wird im Genre »Etablierter Literaturkritiker verreißt erfolgreiche junge Autorin« also das Renommee der Autorin demontiert. In der *FAZ*-Kritik von Simone Hirths Roman *Das Loch* wird zu diesem Zweck sogar behauptet, die Literaturpreise, die die

Autorin bereits »eingeheimst« habe, würden »nicht selten unbedacht vergeben«.

Im zweiten Schritt werden die jeweiligen Themen der Romane beanstandet, die Geschichte als solche, mit der die Kritiker in allen betrachteten Fällen nichts anfangen können. »Sollte es Judith Hermanns Absicht gewesen sein, mit ihrer Stalking-Geschichte zu zeigen, dass das Leben schnell aus den Fugen geraten kann«, heißt es in der *FAZ*, »[...] dann kann man nur sagen: Ja, davon hat man schon mal gehört.« Und nach der Lektüre von *Miroloi* bleiben für den Kritiker »tausend Fragen« zurück: »Ist Köhlers Buch ein Totenlied auf nicht mehr existierende Formen der Misogynie? Kann *Miroloi* gelesen werden als Parabel auf die Unterdrückung von Frauen im Niger, im Chad oder Burkina Faso?« Da bleibt nur die Rückfrage: Soll man lachen oder weinen angesichts so viel Unkenntnis der aktuellen gesellschaftlichen Wirklichkeit in Deutschland und der historisch gewachsenen Strukturen, die ihr zugrunde liegen?

Auch die Literatur, in deren Tradition die Romane dieser Autorinnen stehen, ist den Rezensenten offensichtlich nicht bekannt. »Wo wäre das jetzt zu verorten«, heißt es in der *taz*-Besprechung von *Miroloi*, »irgendwo zwischen *Wanderhure* und *Schäfchen im Trockenen, Krabat* und dem Gastroführer Griechenland?« Weder ... noch. Aber anders als die Kollegen, die Sinn und tiefere Bedeutung gar nicht erst unterstellen, wird hier immerhin gefragt, womit ein Buch wie *Miroloi* inhaltlich zu vergleichen wäre, und das Interesse scheint aufrichtig. Eine Antwort wäre: mit Werken von Ursula LeGuin und Margaret Atwood zum Beispiel, deren *Report der Magd* durch die prominente

Serienverfilmung gerade erst omnipräsent war. Wenn man von diesen bekannten Namen aus weitergoogeln würde, stieße man auf meterweise dystopische und utopische feministische Romane aus aller Welt. Die Kenntnis nur einiger dieser Bücher hätte den Kritikern einen fundierten Vergleich mit Karen Köhlers Roman und somit eine angemessene Auseinandersetzung ermöglicht.

Von umfassender Ahnungslosigkeit zeugt auch die bereits erwähnte Besprechung von Simone Hirths Roman *Das Loch*, in dem eine junge Mutter in Briefen an Popstars und Politiker, an Jesus und an den Frosch aus dem Märchen »Der Froschkönig« von ihrem Alltag schreibt und davon, dass sie nicht mehr dazu kommt, richtig zu schreiben. Was junge Mütter und Väter erleben, auf welche Topoi und welche Literatur in diesem Briefroman angespielt wird – über all das scheint der Rezensent derart schlecht informiert, dass er weder Hintersinn noch Witz erkennen kann.

In einem dritten Schritt werden in solchen Rezensionen schließlich Stil, Sprache und Form abgewertet, allerdings – interessante Gemeinsamkeit – ohne dass nach einer möglichen Bedeutung überhaupt gesucht würde. Gern werden außerdem Einzelbeispiele herausgepickt und oberlehrerhaft berichtigt. Angesichts dieses Vorgehens muss man sich fragen: Können die Kritiker die ästhetischen Strategien der Autorinnen nicht verstehen oder wollen sie nicht? Eins macht ein genauerer Blick auf diese Rezensionen jedenfalls klar: Aus dem Nichtverstehen resultiert keineswegs ein Verstehenwollen. Die Fragezeichen werden zwar wahrgenommen, es wird ihnen aber nicht nachgegangen. Anstelle einer angemessenen Auseinandersetzung gibt es nur oberflächliche Betrachtungen, formale Mittel werden genauso wenig eingeordnet wie die Stoffe und Motive der Autorinnen. Dafür fällt das Urteil umso schärfer aus.

Was ist daran misogyn?

Der Ausschluss von weiblichen Texten aus der Sphäre der ›hohen Literatur‹ läuft, historisch betrachtet, seit dem ersten in Deutschland von einer Frau veröffentlichten Roman über die Abqualifizierung der Themen, die als unwichtig und damit zugleich als nicht literaturfähig gelabelt werden. Das begann mit Sophie von La Roches *Geschichte des Fräuleins von Sternheim,* dem ersten in Deutschland von einer Frau veröffentlichten Roman, und es funktioniert bis heute. Eng verknüpft mit dieser Abwertung, ohne die kaum ein Kritiker auskommt, wenn es gilt, Literatur von Autorinnen zu verreißen, ist der Kitschvorwurf. Die Gefühle von Hermanns Protagonistin seien »früher im Übrigen etwas für Kitschromane« gewesen, heißt es in der *FAZ,* in besagter Radiobesprechung von *Miroloi* wird ein Bezug zu »Schnulzen, Schmonzetten und Erbaulichkeitstraktaten« hergestellt, über Ohde wird geurteilt: »Das ist reiner Sozialkitsch.« Dabei findet die Banalisierung allzu oft in den Köpfen der Kritiker statt, die literarische Bezüge nicht erkennen, Texte systematisch unterschätzen und es vor lauter »Ärger« vermeiden, sich genauer mit ihnen zu befassen.

Um Missverständnissen vorzubeugen: Es geht nicht darum, pauschal zu behaupten, die Rezensionen hätten grundsätzlich positiv ausfallen müssen. Natürlich dürfen Romane verrissen werden, auch die von Frauen. Es geht darum, dabei Persönliches und Ästhetisches nicht derart zu vermengen, und vor allem, keine frauenfeindlichen Klischees zu reproduzieren. Es geht darum, dass die Auseinandersetzung zu oft nicht angemessen ist, weil die Kritiker Traditionen weiblichen Schreibens nicht kennen, weil sie ihre LeGuin und ihre Atwood nicht gelesen haben, weil sie sich mit diesen Themen und Formen nicht beschäftigen. Es geht darum, dass Kritiker, die oberflächlich aburteilen und verärgert persönliche Verrisse produzieren, ihre Arbeit nicht tun.

David Hugendick von der *ZEIT* sagte Anfang 2021 im Podcast *Lakonisch Elegant* von *Deutschlandfunk Kultur,* er glaube, die Geste des Großkritikers, der von einem Werk gelangweilt sei und es im großen Schwung aburteile, sei mittlerweile vorbei; die Literaturkritik bewege sich inzwischen eher in Bereichen, wo auch mal gezweifelt oder das eigene Urteil als vorläufig anerkannt werde, wo auch aktiv über die eigene Perspektive auf ein Buch nachgedacht werde. Diese respektvolle Art der Literaturkritik gibt es natürlich auch. Es gibt aber immer noch die Kritiker*innen, die persönliche Angriffe der übelsten Sorte nicht scheuen. (Auch wenn man darüber streiten kann, ob das noch Literaturkritik ist.)

Dass Frauen Romane schreiben können und dafür Literaturpreise erhalten, zieht heute keine Artikel über angebliche »Fräuleinwunder« mehr nach sich, wie es noch um die Jahrtausendwende der Fall war. Aber gerade die besonders erfolgreichen Autorinnen müssen damit rechnen, extraheftig attackiert zu werden. Zufall? Die Philosophieprofessorin Kate Manne sieht genau hier einen Zusammenhang:

Misogynie, die in einer Kultur latent vorhanden war oder schlummerte, kann sich manifestieren, wenn die Fähigkeiten von Frauen deutlicher zutage treten und daher demoralisierender und bedrohlicher wirken. Daraus können mehr oder weniger subtile Formen von Angriffen, Moralismus, Wunschdenken und bewusster Verleugnung erwachsen wie auch jene Art unterschwelliger Ressentiments, die unter der Oberfläche schwären und an Sündenböcken und Abbildern zum Ausbruch kommen.

Genau das ist es, was auch im einundzwanzigsten Jahrhundert noch passiert: Je präsenter und erfolgreicher Autorinnen werden, desto schärfer und persönlicher werden die Attacken.

Verdrängte Traumata und der öffentliche Diskurs

Ebenfalls kein Zufall dürfte es sein, dass diese Verrisse sich überwiegend Büchern widmen, in denen spezifisch weibliche Lebensumstände oder gesellschaftliche Missstände geschildert werden. »Es ist jedoch wahrscheinlich, daß im Leben wie in der Kunst die Werte einer Frau nicht die Werte eines Mannes sind«, schrieb Virginia Woolf in ihrem Essay »Frauen und Literatur«. »Wenn also eine Frau darangeht, einen Roman zu schreiben, wird sie finden, daß sie fortwährend den Wunsch hat, die geltenden Werte zu ändern – bedeutungsvoll zu machen, was einem Mann unbedeutend erscheint, und bedeutungslos, was ihm wichtig ist. Und dafür wird man sie natürlich kritisieren; denn der Kritiker anderen Geschlechts wird ehrlich verblüfft und überrascht sein von einem Versuch, die gängige Wertordnung zu ändern, und wird daran nicht bloß eine Verschiedenheit der Auffassung sehen, sondern eine Auffassung, die beschränkt ist oder trivial oder sentimental, weil sie sich von der seinen unterscheidet.«

Die Bücher, um deren Verrisse es eben ging, handeln von der ungerechten Verteilung von Sorgearbeit, von Ausgrenzung und von Formen von Rassismus und Sexismus. Wie viel hat sich geändert, wenn Virginia Woolfs Diagnose rund hundert Jahre später noch so genau zutrifft? Allen Besprechungen ist gemein, dass diese Probleme inhaltlich nicht aufgegriffen, sondern abgewehrt und als Vorwurf an die Protagonistin zurückgespielt werden. Marlene Streeruwitz wurde damals im *Literarischen Quartett* vorgeworfen, ihre Beschreibung des Alltags, der Gedanken und Gefühle ihrer Protagonistin sei »Nabelschau, purer Narzissmus, Exhibitionismus«. Und Simone Hirths Figur ist dem *FAZ*-Kritiker nicht »bescheiden« genug. »Gleich an die ganz Großen« müsse sie sich wenden mit ihrem »verkniffenen Lamento«, »jedem wirft sie sich an den Hals, um mitzuteilen, wie arm sie dran ist« und nie gehe es um die anderen! Ganz ähnlich die Argumentation bei Deniz Ohde. »Wirklich *unerträglich*« sei es, »dass diese Ich-Erzählerin die Gründe für ihr soziales Scheitern, für ihr berufliches Scheitern als Schülerin überall sucht, nur nie bei sich selbst«. »Unglaublich larmoyant« sei sie, und ebendas mache »das Schreckliche an diesem Buch« aus, »weil Entschuldigung, wir leben hier in einer Gesellschaft, die eine große Möglichkeit des Aufstiegs einräumt«.

Darum geht es also. Daher der Furor, deshalb konnte der Verriss von *Streulicht* nicht weniger heftig ausfallen. Der zentrale Einwand gegen das Buch, das für den Kritiker so »Unerträgliche« ist die Undankbarkeit dieser autofiktionalen Frauenfigur, die die Schuld für etwaige Missstände gefälligst bei sich selbst suchen soll. Sollte dem Kritiker tatsächlich vor lauter Ärger entgangen sein, dass es in Deniz Ohdes Buch nicht nur um die Ausgrenzung einer jungen Frau mit Migrationsgeschichte geht, sondern eben darum, was ihr Fortkommen so schwierig macht, und sogar zentral darum, wie ihr eigenes Verhalten dazu beiträgt und woher es rührt?

Wenn die Abwehr so groß ist, wenn Bücher so radikal niedergeschrieben werden, ihnen wie Simone Hirths Roman noch die Berechtigung abgesprochen wird, überhaupt veröffentlicht zu werden, dann wird es um mehr gehen als um die »Qualität«. Der bereits zitierte Literaturwissenschaftler und Kanonforscher Todd McGowan, der sich mit der Frage beschäftigt hat, *warum* bestimmte Werke, die inzwischen zum Kanon der amerikanischen Literatur gehören, lange Zeit über nicht einbezogen wurden, sieht den Grund darin, dass sich die in den Werken beschriebenen Traumata mit der Weltsicht derjenigen, die den öffentlichen Diskurs beherrschten, nicht vereinbaren ließen. Der Inhalt lässt sich politisch nicht mit den Werten der Kritiker zusammenbringen, die dann auf ästhetische Argumente ausweichen, sich auf den Inhalt jedenfalls nicht einlassen. Das politische Ziel hinter der (überwiegend sehr dünnen) ästhetischen Argumentation der hier zitierten Verrisse scheint es, die gerade an Renommee und Einfluss gewinnenden Autorinnen einzuschüchtern, zu entmutigen und aus der intellektuellen Öffentlichkeit zu vertreiben. Wo Autorinnen lächerlich gemacht werden, wo über sie gesagt wird, sie könnten nicht denken, hätten nichts zu sagen und könnten nicht schreiben, ihre Bücher wären besser nicht veröffentlicht worden, da wird nicht nur dem Publikum gesagt: *Das ist nichts! Nicht lesen, nicht ernst nehmen!* Wo so persönlich und aggressiv geurteilt wird, da werden auch die Autorinnen selbst angesprochen: *Was du zu sagen hast, interessiert nicht. Was du schreibst, ist nichts wert. Du hast hier nichts zu suchen. Halt den Mund. Schweig!*

Und genau das ist der Inbegriff der Misogynie. Denn der Begriff bezeichnet, so erklärt es Kate Manne, nicht den Frauenhass einzelner Personen, sondern ein System innerhalb der patriarchalen Gesellschaftsordnung, das Frauen kontrolliert und unterwirft, in die Schranken weist, zum Schweigen bringt. Und zum Teil gelingt das auch, in jedem Fall hat es Folgen. Marlene Streeruwitz nennt solche Vorgänge unmissverständlich den »Versuch der Vernichtung«. Das sei »ein Überlebenskampf« gewesen, »ob ich als Autorin danach überhaupt noch einen Atemzug tue«, sagt sie über den Verriss ihres ersten Romans im *Literarischen Quartett* wie über spätere Vorfälle:

> *Wenn's ganz schlimm hergegangen ist und der Ausweg der Selbstvernichtung so verführerisch war, dann hab ich mir immer gesagt »Die dürfen dich nicht kriegen«, und »die« sind so eine patriarchale Instanz, die sich in einzelnen Personen äußert. Das ist mir gelungen. Die haben mich nicht gekriegt.*

Die Schärfe solcher Attacken macht es den Autorinnen in einzelnen Fällen fast unmöglich, eine gesunde Distanz zu der Kritik einzunehmen und gleichzeitig weiterhin zu schreiben. Judith Hermann weiß die vernichtenden Urteile offenbar einzuordnen und hat einen Umgang damit gefunden. Sie stellt fest, dass ihr erster, in der *FAZ* so verrissener Roman von einer Frau erzählt, die autonom sei, die nur noch Rücksicht auf sich selbst nehme, die fortgehe. Das provoziere. »Aber alles in allem glaube ich, dass es, wenn die Kritik so harsch und heftig wird, mehr um meine Person geht als um meine Bücher.«

Welche Möglichkeiten haben die Autorinnen, darauf zu reagieren? In der Kulturratsstudie *Frauen und Medien* von 2016 sagt Julia Franck:

> *Diese Ignoranz, diese männliche Rezeptionsignoranz von weiblicher Kunst oder Literatur, die kann man als weibliche Künstlerin oder Literatin nur ganz schwer anprangern und etwas dagegensetzen, ohne sich selbst dabei beleidigt vorzuführen, ohne in die Ecke der Feministinnen abgedrängt zu werden und damit nur noch mehr geschlechtlich und eben nicht mehr ästhetisch wahrgenommen zu werden.*

Also schweigt sie.

»Der Zutritt der Frauen in die Medienwelt« sei »eine von Mannes Gnaden«, schrieb Iris Radisch 2010: »Natürlich gibt es auch in der Medienwelt so etwas wie Frauenförderung. Doch ist sie hier, was sie in der Männerwelt meistens ist – eine Art erweitertes Balz- und Brutpflegeverhalten. Und das ist beinahe auch schon alles, was junge Frauen von der Medienwelt erwarten können.«

Das ist über zehn Jahre her, und inzwischen sind Frauen im Literaturbetrieb, sind auch Autorinnen noch mal präsenter und erfolgreicher als damals und treten dementsprechend selbstbewusst auf. Aber ebendas provoziert. Auch noch im einundzwanzigsten Jahrhundert strafen männliche Literaturkritiker es systematisch ab, wenn Autorinnen gesellschaftliche Zustände kritisieren. Person und Werk einer Autorin werden bei der Gelegenheit unter Missachtung grundlegendster literaturkritischer Kriterien vermengt, Strukturen werden missachtet – Strukturen, die Hierarchien bilden, Macht verteilen und Themen nach wie vor zu vermeintlichen Frauenthemen machen. Gewünscht ist bei Autorinnen auch heute noch viel zu oft der »zärtliche Blick«, sind Dankbarkeit und Bescheidenheit. Es sind die Geschlechterklischees aus dem neunzehnten Jahrhundert, die bis heute eine entscheidende Rolle spielen bei der Bewertung von Literatur.

ES ZÄHLT NUR DIE QUALITÄT! – ÜBER EIN FADENSCHEINIGES ARGUMENT

»Wir machen Literatur, nicht Männer und/oder Frauen. Entscheidend ist allein die Qualität und nicht das Geschlecht. Entscheidend ist die Aussage, der Stil, da braucht es keine Genderaufsicht.« So antwortete der Verleger Joachim Unseld im Januar 2020 auf die Frage der Zeitung *Die Welt,* was er davon halte, dass sein Frühjahrsprogramm unter dem Stichwort #vorschauenzählen auf das Geschlechterverhältnis hin untersucht worden war. In einem Radiotalk zum Thema im selben Monat sagte der Leiter eines deutschen Literaturhauses, er versuche bei der Programmplanung »nicht krampfhaft« zu entscheiden, und wenn er »aus literarischen Gründen« glaube, das sei jetzt so, »dass in diesem ersten Halbjahr vielleicht 60–70 Prozent Männer lesen«, weil er der Meinung ist, *»dass diese Bücher besser sind«,* dann müsse man das durchstehen und argumentativ verteidigen. Die Prämisse, dass Bücher von Männern nun mal besser seien, äußerte er im weiteren Verlauf der Sendung noch mehrfach, zusammen mit der Behauptung, dass sich das nur heute keiner mehr zu sagen traue. Das Qualitätsargument hält sich als zentraler Einwand gegen größere Diversität in der Literaturlandschaft und darüber hinaus. Aber was ist eigentlich dran? Und wo ist der Haken? So viel vorab: Die weitverbreitete Annahme, Verlage, Feuilletonredaktionen, Veranstaltungshäuser und Jurys von Literaturpreisen würden nur nach Qualität auswählen, und die ebenfalls weitverbreitete Annahme, was Männer schrieben, sei irgendwie literarischer, hängen zusammen.

Stephen King und die Oscars

Jemand, der lange ähnlich dachte, ist Stephen King. Der Autor ist Mitglied der *Academy of Motion Picture Arts and Sciences*, die über die Vergabe der Oscars entscheidet. Als die Debatte um die fehlende Diversität bei den Nominierungen begann, twitterte er im Januar 2020: »I would never consider diversity in matters of art. Only quality. It seems to me that to do otherwise would be wrong.« In der Kunst zähle nur Qualität, Diversität dabei zu berücksichtigen, erscheine ihm falsch. Von den 12.000 Replys, die dieser Tweet bekam, wiesen viele auf das Kernproblem seiner Aussage hin: Diversität und Qualität werden hier als Gegensätze konstruiert, es sind aber keine. Hier einen Widerspruch zu behaupten, bedeutet bereits, Kunst von Frauen, von BIPoC, von Queeren für weniger gut zu halten, ohne dass die Werke überhaupt betrachtet worden wären.

Der Fall Stephen King und die Oscars lohnt einen genaueren Blick, weil er vieles exemplarisch klarmacht. Seit Bestehen der Oscars hatte zu dem Zeitpunkt nur eine einzige Frau einen Award für die beste Regie bekommen, Schwarze Schauspieler*innen haben lange gar keine Auszeichnungen bekommen und dann bevorzugt für Rollen, in denen sie versklavte Menschen spielten. Soll man daraus ableiten können, dass *weiße* Menschen eben besser spielen, Regie führen, komponieren, schneiden etc.? Was ist mit dem nachgewiesenen Ungleichgewicht durch schlechtere Chancen und mangelnde öffentliche Sichtbarkeit, was ist mit der Voreingenommenheit derer, die über Einstellungen und Nominierungen entscheiden? Stephen King gaben diese Einwände zu denken. Knapp zwei Wochen nach besagtem Tweet veröffentlichte er unter dem Titel »The Oscars are still rigged in favor of white people« einen Artikel in der *Washington Post,* in dem er schrieb, er habe seine Aussage im Moment des Twitterns für unstrittig gehalten, sehe bei genauerer Beschäftigung mit der Materie aber einen Zusammenhang zwischen der Zusammensetzung der Academy (sehr überwiegend weiß, männlich und über sechzig Jahre alt) und der Vergabe der Preise an ebendiese Kohorte. Er wiederholte seine Grundhaltung, dass Kreativität ungeachtet von Geschlecht, Hautfarbe, Klasse oder anderen außerkünstlerischen Kriterien bewertet werden *sollte.* Um dann jedoch einzugestehen, dass das nur in einer perfekten Welt möglich wäre, einer Welt, in der es keine Privilegien und Benachteiligungen gäbe. In unserer Kulturlandschaft bestehen, wie in unserer gesamten Gesellschaft, nach wie vor historisch gewachsene sexistische und rassistische Strukturen, von denen manche Gruppen profitieren, während andere benachteiligt werden und beispielsweise schlechteren Zugang zu Förderprogrammen, Veröffentlichungen und Auftrittsmöglichkeiten haben. Das heißt, ihre Kunst wird gar nicht erst gesehen. Über die Qualität von Kunst kann man aber nur urteilen, wenn sie überhaupt betrachtet und von vornherein in die Auswahlprozesse einbezogen wird.

Es ist ein Auswahlprozess

Das Qualitätsargument hat aber noch einen weiteren Haken: Es ist naiv, weil es den Anschein erweckt, Qualität setze sich naturgemäß durch. Das aber hat mit der Realität des Literatur- und Kulturbetriebs nichts zu tun. Bei der Zusammenstellung von Programmen aller Art, ob in den Verlagen, den Kultureinrichtungen oder in den Redaktionen, geht es *nie* nur um Qualität, sondern immer auch um Verkäuflichkeit sowie darum, ein rundes Gesamtpaket zu schnüren. Nur welche Kriterien man da gelten lässt und welche nicht, das ist eben die Frage. Susanne Krones, die Programmleiterin eines deutschen Verlages, machte darauf aufmerksam, was passiert, wenn die Auswahl von Manuskripten anonymisiert wird, wenn also geschlechtsbezogene Voreingenommenheit systematisch ausgeschlossen wird. Das ist der Fall beim Berliner Literaturwettbewerb *Open Mike,* in dessen Vorjury Susanne Krones saß. Nachdem aus mehreren Hundert Einsendungen allein aufgrund der Textproben zwanzig Finalist*innen ausgesucht worden waren, kam man auf vier Männer und sechzehn Frauen. Ein anonymisiertes Vorauswahlverfahren gibt es auch bei den Hamburger Literaturpreisen, die in Kategorien von Comic über Übersetzung bis Roman an neun Frauen und zwei Männer gingen. Das kann passieren, wenn man das mit der Qualität einmal ernst nimmt. Lässt man die Voreingenommenheit walten, sieht es anders aus: Dann kommen Frauen auf einen Anteil von nur 13 Prozent aller Literaturnobelpreise oder auf 15 Prozent aller Georg-Büchner-Preise, davon gerade mal eine Schwarze Autorin und nur zwei aus dem globalen Süden.

Anonyme Auswahlverfahren gibt es seit den Siebzigerjahren auch bei US-amerikanischen Orchestern, nachdem man festgestellt hatte, dass die fünf Toporchester des Landes einen Frauenanteil von weniger als fünf Prozent aufwiesen. Bei *blind auditions* befinden sich die Kandidat*innen beim Vorspiel hinter einem Wandschirm. Die Jury kann sie nicht sehen, nur hören, es geht allein um die Qualität ihres Spiels. Wissenschaftler*innen haben festgestellt, dass es durch diese Maßnahme um 50 Prozent wahrscheinlicher ist, dass es eine Frau in die Endauswahl schafft. Auf diesem Weg hat sich der Anteil von Frauen in diesen Orchestern inzwischen auf 30 bis 40 Prozent erhöht. Für Literaturhäuser und Verlagsprogramme dürfte so ein geschlechtsblindes Auswahlverfahren kaum umsetzbar sein, aber immerhin lassen diese Beispiele Rückschlüsse darauf zu, was wäre, wenn man die Sache mit der reinen Qualität konsequent durchziehen würde. *Fast* könnte man auf die Idee kommen, das Gerede davon, dass Männer eben einfach besser seien, diene im Wesentlichen der Verschleierung des Gegenteils.

Ein paar Studien und Experimente

Dafür, dass bei Auswahlverfahren das Geschlecht eine entscheidende Rolle spielt und eben nicht der Text, um den es gehen sollte, spricht auch ein Experiment, das die amerikanische Autorin Catherine Nichols gemacht hat. Sie schickte einen Probetext an Literaturagenturen – fünfzigmal mit ihrem eigenen Namen und fünfzigmal mit einem männlichen Pseudonym. Der vermeintliche Autor wurde siebzehnmal um das vollständige Manuskript gebeten, die

Autor*in* ganze zweimal. Als Grund wurde im Falle des vermeintlich männlichen Autors angegeben, der Text sei »gut konstruiert« und »clever«, im Falle der Autorin hieß es, der Text sei nicht gut genug, wenn auch »schön geschrieben«. Es geht, wohlgemerkt, um ein und denselben Text. Die Beurteilung der Textqualität ist demnach immer schon durch Vorannahmen geprägt, und diese Vorannahme ist hier dieselbe, die schon so oft in den letzten Kapiteln zu konstatieren war: Frauen schrieben einfach nicht so gut, nicht so literarisch wie Männer. Diese Vorannahme ist es, die das Ergebnis begründet, nicht eine objektiv konstatierte Textqualität.

Für Großbritannien und die USA des neunzehnten und beginnenden zwanzigsten Jahrhunderts belegten Elaine Showalter und Joanna Russ schon in den Siebziger- und Achtzigerjahren, dass die Behauptung objektiver Qualitätsstandards nicht mehr als ebendas war: eine Behauptung. Diese diente dazu, eine Hierarchie zwischen Autoren und Autorinnen zu etablieren und Autorinnen aus dem Bereich der Hochliteratur herauszuhalten. Auch in Deutschland hat die Literaturwissenschaft in den letzten Jahrzehnten nachgewiesen, dass Geschlecht ein wichtiger Faktor bei der Beurteilung von Literatur und bei ihrer Kanonisierung ist. Eine neuere wissenschaftliche Arbeit aus den Niederlanden hat sich nun gezielt dem Zusammenspiel von Gender und Qualität bei der Beurteilung holländischer Gegenwartsliteratur gewidmet und geht der Frage nach, ob zeitgenössische Autorinnen dieselben Chancen auf literarischen Erfolg haben wie ihre männlichen Kollegen.

Um literarisch erfolgreich zu sein, müssen ein paar Voraussetzungen erfüllt sein, für Männer wie für Frauen. Sie müssen als professionelle Schriftsteller*innen ernst genommen werden und dafür in einem literarischen Verlag veröffentlicht und entsprechend vermarktet werden. Außerdem müssen sie von der Kritik beachtet und ernst genommen werden und im besten Fall Literaturpreise gewinnen. Theoretisch stehen die Chancen diesbezüglich für alle gleich. Nach umfangreichen Auswertungen kommt die Philologin C.W. Koolen für die Niederlande in den Jahren 2007 bis 2012 jedoch zu dem Schluss: Je höher ein*e Autor*in auf der literarischen Erfolgsleiter klettert, desto wahrscheinlicher ist es, dass es sich um einen Mann handelt. Die Wahrscheinlichkeit, dass eine niederländische Autor*in* im Literaturteil einer Zeitung besprochen wird oder einen Literaturpreis erhält, liegt den Erhebungen zufolge deutlich unter 50 Prozent. Einem weiteren Experiment zufolge glaubt das holländische Lesepublikum zwar, dass Frauen genauso in der Lage seien, literarisch zu schreiben, wie Männer, es assoziiert literarische Autorschaft jedoch zugleich mit Männlichkeit. Um mehr Aufschluss über die geschlechtsspezifischen Vorannahmen und ihre Folgen zu bekommen, wird es viele weitere Untersuchungen brauchen. Deutlich wird aber auch hier: Soziale, außerliterarische Kriterien spielen bei der Bewertung der literarischen Qualität eine entscheidende Rolle.

Bereits die Themenwahl hat Einfluss darauf, ob ein Text als literarisch wahrgenommen wird. Nach wie vor gibt es Themen, die als männlich oder weiblich wahrgenommen werden, und nach wie vor steht diese Zuschreibung in direktem Zusammenhang mit der empfundenen

Wichtigkeit eines Themas. Da stellt sich die Frage: Wie viel weiter sind wir seit dem neunzehnten Jahrhundert eigentlich gekommen? Eine Antwort darauf gibt eine Analyse von über 10.000 Rezensionen, die seit dem Jahr 2000 in der *New York Times Sunday Book Review* erschienen sind. Das Blatt hatte den Autorinnenanteil gezielt erhöht, nachdem eine erste Studie zu dem Ergebnis gekommen war, dass sich nur rund ein Drittel der Besprechungen Büchern von Autorinnen widmete. Untersucht wurde, mit welchen Begriffen die Autoren respektive Autorinnen der besprochenen Bücher assoziiert wurden. Das Ergebnis: Bei Autorinnen wird häufig Emotionales erwähnt, ihre Liebe zum Schreiben, ihre Mutterschaft, während die Autoren mit ihrem Interesse für Wissenschaft und Politik in Verbindung gebracht werden. Mit anderen Worten: Frauen werden von der *New York Times Sunday Book Review* zu Beginn des einundzwanzigsten Jahrhunderts nach wie vor der Familie und dem Häuslichen zugeordnet, Männer der Politik. Die Aufteilung der Welt in eine öffentliche männliche und eine private weibliche Sphäre ist also längst noch nicht Geschichte, sie wird nach wie vor reproduziert.

All diese Experimente und Studien zeigen, was einem auch der gesunde Menschenverstand sagt: Es gibt keinen Qualitätsunterschied zwischen Literatur von Frauen und Literatur von Männern. Es ist genau andersherum: Literatur von Autorinnen wird abgewertet, eben weil sie von Frauen stammt, insbesondere, wenn es um weiblich konnotierte Themen geht, denn dann ist es »Frauenliteratur«. Allein der Begriff zeigt, dass die Texte von Frauen bis heute nach dem Geschlecht, nach der Person, die hinter dem Text steht, beurteilt werden, anders als Texte von Männern.

Das Qualitätsargument würde gern alle vereinen, die sich für Literatur begeistern. Und schließlich möchte niemand regelmäßig den Männer- und Frauenanteil abzählen oder ständig mit dem Thema Geschlecht kommen müssen. Aber so einfach ist es nicht. Die vielen hier zitierten Untersuchungen und Beispiele machen deutlich: Literarische Qualität, so wie sie Texten von der Literaturkritik zugeschrieben wird, setzt sich aus literarischen und außerliterarischen Faktoren zusammen, und geschlechtsspezifische Vorannahmen spielen dabei nachweislich eine bedeutende Rolle.

UND JETZT? EIN FAZIT

Es tut sich ja was. Oder? Die Buchbranche wird weiblicher, und aktuell werden viel mehr Buchverlage von Verlegerinnen geführt als noch vor ein paar Jahren. Meine aktuelle Feuilletonzählung ist schon etwas besser ausgefallen als die vor drei Jahren: Befassten sich im März 2018 in der *Süddeutschen* und der *Frankfurter Allgemeinen Zeitung* nur ein Viertel aller Rezensionen mit Büchern von Frauen, war es im Januar und Februar 2021 immerhin ein gutes Drittel. Dieses Schlusskapitel schreibe ich in einem Bücherfrühling, der so weiblich ist wie vielleicht noch keiner zuvor. Über zu wenig Sichtbarkeit von Autorinnen kann sich im Frühjahr 2021 niemand beschweren, und auch die Diversität der Verlagsprogramme scheint in verschiedener Hinsicht zuzunehmen. Die großen Literaturpreise gingen 2020 überwiegend an Frauen: der Bachmann-Preis an Helga Schubert, der Deutsche Buchpreis an Anne Weber, der Georg-Büchner-Preis an Elke Erb, der Booker Prize an Bernardine Evaristo und Margaret Atwood und der Literaturnobelpreis an Louise Glück.

Es tut sich was. Aber weil es gern so dargestellt wird, als würden die Frauen jetzt übernehmen, als hätte es sich vollkommen gedreht, als würden Frauen die Preise ja schon allein bekommen, weil sie Frauen sind – hier auch die anderen wichtigen Literaturpreise aus dem Frühjahr 2020: Der Preis der Leipziger Buchmesse für Belletristik ging an

Lutz Seiler, der Friedenspreis an Amartya Sen, der Pulitzer Prize in den Kategorien Fiction, Drama, History und Biography jeweils an Männer. Und um ein vollständiges Bild zu zeichnen: Dass der Deutsche Buchpreis in den letzten Jahren genauso oft an Autoren wie an Autorinnen vergeben wurde, ist ein noch recht neues Phänomen. Es ist erst wenige Jahre her, da standen zwar auf der Longlist noch mehrere Autorinnen, auf der Shortlist dann aber kaum noch welche. Das hat sich erst geändert, seit auch bei der Zusammensetzung der Jury auf Geschlechtergerechtigkeit geachtet wird. In den ersten fünf Jahren nach Gründung des Preises im Jahr 2005 saßen jeweils nur ein oder zwei Frauen in der siebenköpfigen Jury, erst seit 2010 sind es regelmäßig drei oder vier, ist das Gremium also paritätisch besetzt. Erst seitdem schaffen es auch mehr Autorinnen auf die Shortlist, erhalten Autorinnen auch regelmäßig den Preis. So viel zur Unvoreingenommenheit männlicher Kritiker im einundzwanzigsten Jahrhundert, wenn es um Literatur von Frauen geht.

Das Bewusstsein dafür, dass es ein Problem gibt und dass Maßnahmen notwendig sind, um es strukturell in Angriff zu nehmen, scheint also zu wachsen. Aber heißt das, die in diesem Buch dargestellten Missverhältnisse und ihre Hintergründe gehören der Vergangenheit an? Heißt das, wir stehen auf der Schwelle des Wandels, ab jetzt wird es sich schon von selbst gut weiterentwickeln?

Zweifel sind angebracht.

Das »Damendrittel«

Ob diese Veränderungen mehr sind als Momentaufnahmen, muss sich erst noch zeigen. Nicht nur, weil in den Medien verdächtig oft von einer »Mode« die Rede ist, von einem »Trendthema«, wenn es um Feminismus und Diversität auf dem Buchmarkt geht. Sondern vor allem, weil die Annahme, jetzt seien die Autorinnen ja auf dem Vormarsch, nun laufe es ja von selbst, jahrhundertealt ist. Dass von Marginalisierung von Autorinnen nun wirklich keine Rede sein könne, dass doch alles voll sei von Autorinnen, das glauben und fürchten Männer schon, seit die erste Autorin auf der Bildfläche erschien. Zum Beispiel der amerikanische Autor Nathaniel Hawthorne, der sich 1855 in einem Brief an seinen Verleger über »diese verdammte Meute kritzelnder Frauen« beschwerte, nachdem einige Schriftstellerinnen großen Erfolg mit ihren Büchern gehabt hatten, darunter Harriet Beecher Stowe mit *Onkel Toms Hütte.* Dem Brief zufolge fürchtete Hawthorne, selbst keine Aufmerksamkeit mehr zu bekommen, weil die Öffentlichkeit mit dem »Trash« – O-Ton Hawthorne – dieser Frauen beschäftigt sei.

Trotz der Behauptung, Autorinnen seien auf dem Vormarsch, liegt der Anteil der Autoren in den Programmen literarischer Verlage noch immer bei rund zwei Dritteln – genau wie ihr Anteil an den Besprechungen im Feuilleton. Nach wie vor ist gleiche Wertschätzung, gleiche Sichtbarkeit, ist Gleichberechtigung für Autorinnen nicht erreicht, nach wie vor wird das Problem gern abgewehrt, verlacht und geleugnet, weigern sich viele der Zuständigen, Raum für Autorinnen frei zu machen. »Das berüchtigte Damendrittel«, wie die Autorin Nina George es nennt, die sich in verschiedenen Gremien und Gruppen sehr für eine gerechtere Buchbranche engagiert, gilt auch in Bezug auf die Honorare, wie sie anhand der Ergebnisse mehrerer europäischer Studien veranschaulicht. Auch in Deutschland verdienen Autorinnen der Statistik der Künstlersozialkasse zufolge rund ein Drittel weniger als ihre Kollegen. Und was die Verlegerinnen betrifft: In den meisten deutschen Verlagen, die aktuell von einer Frau geführt werden, ist es die erste an der Spitze. Nur in wenigen Häusern ist schon mal eine Verlegerin auf eine Verlegerin gefolgt. Erst wenn dieser Vorgang genauso normal ist wie der, dass Männer auf Männer folgen, kann jedoch von einer strukturellen Veränderung die Rede sein. Ob sich wirklich etwas getan hat, wird sich zeigen, wenn sich das Personalkarussell das nächste und das übernächste Mal gedreht hat. Auch was sich für Autorinnen durch Frauen an der Spitze von Verlagen tatsächlich ändert, wird sich erst noch zeigen. Denn wie es die Journalistin und Speakerin Teresa Bücker so treffend auf den Punkt brachte: »Wir brauchen nicht Frauen in führenden Positionen, wir brauchen feministische Frauen in führenden Positionen.«

Umgekehrter Sexismus?

An einigen Stellen tut sich also etwas, an anderen weniger. In jedem Fall ist es aufs Ganze gesehen eine sehr langsame Veränderung, ist der Anstieg der Zahlen, die diese Prozesse messbar machen, stockend. Das liegt nicht zuletzt daran, dass es zwischendrin immer mehrere Schritte zurückgeht. Die Bemühungen um einen Backlash sind auch jetzt bereits in vollem Gange. Männer haben immer noch Mühe, Frauen ausreden zu lassen, sie anzuhören und als die Expertinnen, die sie sind, ernst zu nehmen – für Belege kann man jede beliebige Sonntagabend-Talkshow einschalten. Oft wird die Sorge geäußert, *Mann* dürfe ja nichts mehr sagen, auch gern im Fernsehen und in überregionalen Zeitungen, ohne dass ein Bewusstsein für den darin liegenden Widerspruch bestehen würde. An dieser Stelle sei kurz an diverse Studien zum Gesprächsverhalten in Gruppen erinnert, denen zufolge Männer weitaus mehr Redezeit beanspruchen als Frauen, die von den Männern zu langem Zuhören genötigt und regelmäßig unterbrochen werden. Zudem wird eine Frau mit hohem Redeanteil in einer Gruppe schon als aggressiv wahrgenommen, auch wenn sie noch längst nicht denselben Redeanteil hat wie die Männer. Bei Männern wird Monologisieren den Ergebnissen der Studie zufolge als positiv wahrgenommen, bei Frauen als negativ. Obwohl Autorinnen noch längst nicht so viel Raum bekommen wie ihre männlichen Kollegen, gibt es auch heute noch viele, die mit Nathaniel Hawthorne finden: Es reicht langsam, Autorinnen bekommen doch wirklich *mehr* als genug Aufmerksamkeit.

Dazu passt, dass ich in den letzten Jahren immer wieder freundlich-besorgt gefragt wurde, ob ich denn wirklich *gar* keine Bücher von Männern mehr lese, ob mir da gar nichts fehle? Als ginge es um wichtige Vitamine und Mineralien, als drohe Mangelernährung, so ganz ohne männliche Gedanken und Perspektiven in Buchform. Bisher hat es tatsächlich keine Auswirkungen auf meine Gesundheit, nicht mal auf meine geistige, eher nehme ich es als reinigendes Entschlacken wahr. Weniger freundlich und interessiert ist der Vorwurf, ich täte genau das, was ich anderen vorwerfe: die Bücher eines Geschlechts bevorzugen. Vielleicht ist es am Ende dieses Buches gar nicht mehr notwendig, das zu erklären, vielleicht schadet es aber auch nicht: Wer das gleichsetzt, lässt das Machtgefälle außer Acht, das dem Problem zugrunde liegt. Sexismus ist wie Rassismus oder Homophobie nicht einfach umkehrbar, denn diese Phänomene sind durch Machtverhältnisse definiert. Wer in dieser Hierarchie privilegiert ist, wer oben steht und die unter ihm Stehenden ausnutzt oder angreift, tut dies aus einer Machtposition heraus und oft mit schweren Folgen für die Betroffenen. Das lässt sich nicht umkehren, indem eine Frau etwas Gemeines über Männer sagt oder indem ein Schwarzer Mensch etwas Herabwürdigendes über einen *Weißen* sagt. Dann mag es verletzend sein, aber nicht vernichtend. Oder um es mit Margaret Atwood zu sagen: Es ist der Unterschied zwischen der Angst, ausgelacht zu werden, und der Angst, umgebracht zu werden.

Mir geht es nicht darum, männliche Autoren unsichtbar zu machen, und das stünde auch gar nicht in meiner Macht. Autoren sind im Gegenteil nach wie vor sehr gut sichtbar, nehmen nach wie vor den meisten Raum ein. Ich fordere nur den *gleichen* Raum für Autorinnen. Und nachdem ich so viele Jahre deutlich mehr Bücher von Autoren gelesen habe, müsste ich noch jahrzehntelang ausschließlich Bücher von Autorinnen lesen, um auch nur ein Gleichgewicht herzustellen. Letztlich ist die Frage, mit welchen Büchern man seine Lese- und Lebenszeit verbringen möchte. Ja, auch Männer schreiben gute, lesenswerte Bücher, keine Frage. Nach Jahrzehnten männerdominierten Lesens hat sich bei mir und vielen anderen aber ein gewisser Überdruss eingestellt, der Wunsch nach anderen Geschichten und neuen Perspektiven. Oder wie der Journalist und Autor Till Raether, der selbst seit einiger Zeit gezielt mehr Literatur von Autorinnen liest, es in seinem Podcast ausdrückte: »Als männlicher Leser ist das für mich eine wahnsinnige Bereicherung. Wie viele Bücher will man denn lesen über Männer, die sich mit dem Letzten, was sie noch haben, der existenziellen Krise stellen oder die melancholisch durch die Welt streifen und einen Sinn suchen, den sie in sich selbst nicht mehr finden? Zwei hätten vielleicht gereicht, aber es sind Tausende.« Traditionell wurde die Perspektive *weißer* heterosexueller Männer in der Literatur als allgemein menschlich dargestellt, so der Schriftsteller Alexander Graeff, dabei stelle das eben nur eine Perspektive dar, und zwar eine besonders privilegierte (was selten die besten Geschichten ergibt). Die Perspektiven von Frauen oder von Queers hingegen seien in der Literatur nur mit gemeint oder geduldet worden, sie seien traditionell unsichtbar gemacht worden. Auf diesem Fundament ruhten immer noch viele Verlage und Institutionen des deutschsprachigen Literaturbetriebs, »und dieses Fundament bröckelt nur sehr langsam«. Wer als Kritiker*in, als Programmleitung in einem belletristischen Verlag oder bei einem Veranstaltungsort tätig ist, hat eine der Schlüsselpositionen, um daran mitzuwirken, dass sich das ändert. Auch als Multiplikator*in, als Buchhändler*in und selbst als Leser*in hat man die Wahl: Wem möchte man seine Aufmerksamkeit schenken, auf wen die Aufmerksamkeit lenken, wen mit seinem Geld unterstützen? Es ist keine Entscheidung *gegen* die Bücher von Männern, es ist eine Entscheidung *für* die Bücher von Frauen, von

LGBTQ-Autor*innen aller Geschlechter, für Schwarze Autor*innen und Autor*innen of Color.

Wiederzuentdeckende Autorinnen

Die gute Nachricht lautet: Weil Bücher von Autorinnen aus der Literaturgeschichte ausgeschlossen wurden, gibt es in der Vergangenheit unglaublich viel zu entdecken. Manche Verlage haben sich gezielt der Wiederentdeckung dieser Werke verschrieben und arbeiten zum Teil seit Jahrzehnten daran, Texte neu herauszugeben und übersetzen zu lassen. *Edition fünf, Aviva, Dörlemann,* der Verlag *Das vergessene Buch* oder der *Ulrike Helmer Verlag* mit seiner Edition Klassikerinnen sind konzernunabhängige kleine Verlage, die sich dieser Sache angenommen haben, Verlage mit begrenzten Mitteln, die im Allgemeinen eher wenig Medienaufmerksamkeit bekommen. Alle diese Verlage leisten großartige Arbeit, und ich empfehle ihre Programme und Websites sehr. Aber das Wiederentdecken im großen Stil hat in den deutschsprachigen Ländern noch kaum begonnen. Wo in den USA und Großbritannien systematisch Werkeditionen gerade auch verstorbener Autorinnen herausgebracht werden, wird hierzulande zwar übersetzt, was dort Erfolg hat, es fehlt jedoch an Interesse an den »in Vergessenheit geratenen« deutschsprachigen Autorinnen.

Beim Thema Kanon ist in Deutschland, Jahrzehnte nach den grundlegenden Veränderungen im Kanon nordamerikanischer Literatur, noch nichts auch nur annähernd Vergleichbares passiert. Die Gegenkanons, die in der *ZEIT* oder online unter der Überschrift #diekanon aufgestellt wurden, ändern am eigentlichen Kanon erst mal nichts –

was nicht heißt, dass so eine Aufstellung nicht ein guter Anfang wäre. Es braucht aber viel mehr. Ein Kanon reformiert sich nicht von selbst, es braucht gezieltes Bemühen um Wiederentdeckungen, es braucht ein Neu-Sichten und ganz bewusste Entscheidungen. Das beginnt traditionell an den Universitäten und erobert von dort in Form von bezahlbaren Neuauflagen und geänderten Lehrplänen die Gesellschaft und die Schulen. Diese Entwicklung steht in Deutschland noch aus. Nur wenn Wissenschaft, Literaturkritik, belletristische Verlage und Kultusministerien bewusst an einem Strang ziehen, wird »die Zukunft« es richten. Allein, es mangelt bislang an Interesse. Was wiederum mit dem abwertenden Blick auf das Werk von Autorinnen zu tun hat. Und so schließt sich der Kreis.

Dabei gibt es unzählige Autorinnen, die der Wiederentdeckung harren, Autorinnen, die zu ihrer Zeit bei Publikum und Kritik großen Erfolg hatten und deren Lesbarkeit und Relevanz für ein heutiges Publikum zu prüfen wären. Hier sind die Verlage in der Verantwortung, jedes einzelne Belletristiklektorat. Und damit die Autorinnen nicht nach kurzem Auftauchen wieder in der Versenkung verschwinden, wie es schon so oft geschah, damit eine Kanonisierung tatsächlich stattfinden kann, gilt es als Nächstes, sie auch lieferbar zu halten. Andernfalls muss, wie bisher, immer wieder erinnert, immer wieder von Neuem angesetzt werden. So wie auch dieses Buch ungefähr vierzig Jahre nach Joanna Russ' *How to Suppress Women's Writing* und nach vielen einzelnen Artikeln und Bemühungen so vieler engagierter Menschen hierzulande noch einmal neu ansetzt.

Ein paar Vorschläge zum Umgang mit zeitgenössischen Autorinnen

Wiederentdeckungen sind das eine, zeitgenössische Autor*innen das andere. Der Bücherfrühling 2021 ist so weiblich und divers wie vielleicht noch keiner, aktuell muss man also nicht lange suchen, um neue Geschichten und Perspektiven zu finden. Die Romane von Sharon Dodua Otoo, Mithu Sanyal und Bernardine Evaristo, von Hengameh Yaghoobifarah und Cho Nam-Joo, die Essays von Asal Dardan, um nur einige zu nennen, werden erfreulich oft besprochen und sind zum Teil sogar auf den Bestsellerlisten. Damit diese Autorinnen weiterschreiben, damit andere ermuntert werden, es auch zu tun, muss jedoch weiter daran gearbeitet werden. Es reicht nicht, dass Verlage zugreifen, weil Autor*innen gerade im Trend wären und das Verlegen der Werke queerer Autor*innen und von Autor*innen of Color aufmerksamkeitsökonomisch Bonuspunkte bringt. Damit es so bleibt, bedarf es besonderer Unterstützung und gezielter Fördermaßnahmen.

Ein Thema, das dabei besondere Beachtung verdient, sind die historisch gewachsenen und nach wie vor vorhandenen rassistischen Strukturen, die es in der Buchbranche genauso gibt wie im Rest der Gesellschaft. Sharon Dodua Otoo hat bei einer Veranstaltung zum Thema Rassismus 2020 in Frankfurt am Main darüber gesprochen, dass es in Deutschland ja keinen Rassismus gebe. Er sei ja auch verboten. Deshalb brauche es auch gar keine Studie. Dazu ließ sie im Hintergrund eine Powerpoint-Präsentation laufen mit Fotos von deutschen Verlagsteams, von Literaturpreisjurys und den dazugehörigen

Preisträger*innen. Alle bestanden fast ausschließlich aus *weißen* Menschen. »Wie würde sich diese Präsentation«, fragte Otoo dann, »von der Präsentation eines Deutschlands unterscheiden, in dem es aus rassistischen Gründen Schwarzen Menschen verboten wäre, als Autor*innen zu leben, in Verlagshäusern zu arbeiten oder in Literaturjurys zu sitzen?« Natürlich weiß sie, das sagt sie explizit dazu, dass es Autor*innen, Journalist*innen, Literaturkritiker*innen of Color *gibt.* Und dass auf den Fotos vielleicht auch Menschen sind, denen man ihre Ethnie nicht ansieht. Sie weiß auch, dass BIPoC in der Vergangenheit Preise gewonnen und auch in Jurys gesessen haben. Es ist, wie sie ausdrücklich sagt, nicht ihre Absicht, sie oder ihre Arbeit zu verleugnen. »Wir sind aber verdammt wenig. Und das ist nicht nur peinlich. Es ist schmerzhaft. Und zutiefst schädlich.«

Auch hier braucht es konkrete Maßnahmen, und Sharon Dodua Otoo fordert dazu auf, größer, gewagter und kreativer zu denken. »Wie wäre es mit einer Challenge? Ein Ingeborg-Bachmann-Wettbewerb mit ausschließlich Schwarzen Literaturkritiker*innen und Autor*innen?« Ihrem Verlag, dem *S. Fischer Verlag,* schlägt sie vor, so etwas zu wagen wie der britische Verlag *Jacandra Books,* der sich 2020 verpflichtete, zwanzig Bücher von zwanzig Schwarzen britischen Autor*innen zu veröffentlichen. *Weißen* Autor*innen schlägt sie vor, an Anthologien oder Podiumsdiskussionen nur noch teilzunehmen, wenn auch eine Schwarze Autor*in dabei ist. – Radikal? Vielleicht, aber durch Abwarten kam man Ungleichbehandlung in der Vergangenheit noch nie bei; ohne radikale Experimente wird keine veränderte Wahrnehmung einsetzen.

»Wenn wir über Ungleichheit diskutieren, geht es auch um Macht«, schreibt Alice Hasters. »Keine diskriminierte Gruppe ist der Gleichberechtigung näher gekommen, weil sie freundlich darum gebeten hat. Frauen haben nicht gefragt: ›Entschuldigung, wäre es okay, wenn wir auch wählen dürfen?‹ Und Männer haben nicht geantwortet: ›Ja klar, kein Problem, hättet ihr das mal früher gesagt.‹ Es war ein Kampf. Die Mittel dazu waren teils radikal und wurden immer radikaler, als sich herausstellte, dass viele Männer mit allen Mitteln verhindern wollten, dass Frauen wählen dürfen.«

Wie wäre es also mit Quoten bei Stipendien und Zuschüssen, damit bisher benachteiligte Gruppen gezielt gefördert werden? Wie wäre es, wenn die vielen Förderprogramme, die es dankenswerterweise in Deutschland gibt, die Lebensumstände von Autor*innen, die auch Eltern kleiner Kinder sind, bewusst berücksichtigten? Wer Sorgearbeit leistet, kann nicht monatelang als »Schmuck-Eremitin« auf einer Insel arbeiten oder am anderen Ende des Landes ein Schreibstipendium annehmen. Wie wäre es also, die Vereinbarkeit von Arbeit und Familie so zu unterstützen, dass das Schreiben für Autor*innen mit Familie machbar wird, zum Beispiel durch finanzielle Zuwendungen, mit denen eine Haushaltshilfe oder ein Babysitter bezahlt werden können, während die Autorin in einem auf diese Weise ebenfalls bezahlbaren Büro in der Nähe arbeitet? Wer tatsächlich die Literatur fördern und die Schreibenden unterstützen möchte, dürfte damit kein Problem haben. Veranstaltungen und Auftritte zum Nutzen der jeweiligen fördernden Gesellschaft ließen sich auch mit so einem Format sicher vereinbaren.

Es stehen noch andere sehr konkrete Vorschläge im Raum, mit denen sich die Situation von Schreibenden generell und von Autorinnen im Besonderen verbessern ließe. Nina George schlägt vor, dass die Beteiligten gemeinsame Vergütungsregeln aufstellen und von der Gesetzgeberin dazu ermuntert werden. Dass der Gleichbehandlungsgrundsatz auch in die Tat umgesetzt wird. Und dass öffentliche Fördergelder an Verlage unter den Gesichtspunkten Parität, Bibliodiversität und autor*innenfreundliches Vertragsverhalten vergeben werden.

Die aktuelle Gemengelage

Ein Problem, das sich nicht so konkret in Angriff nehmen lässt, ist die Verachtung, die insbesondere jungen, erfolgreichen Autorinnen immer noch regelmäßig entgegenschlägt. Was Joanna Russ vor vierzig Jahren in ihrem Buch *How to Suppress Women's Writing* analysiert hat, gilt immer noch: Autorinnen wird regelmäßig die Fähigkeit abgesprochen, bewusst literarisch zu schreiben. Die Gegenstände weiblichen Schreibens werden als banal und uninteressant dargestellt, ohne dass die ästhetische Umsetzung überhaupt genauer betrachtet würde. Es wird nach wie vor viel zu oft mit zweierlei Maß gemessen. Und es geht noch weiter. Dass Männer in Machtpositionen Autorinnen damit gedroht haben, sie in ihrer Sendung nie wieder zu besprechen oder sie nie wieder in ihrem Literaturhaus auftreten zu lassen, ist unter Autorinnen kein Geheimnis. In solchen Fällen geht es um Machtmissbrauch und um sexualisierte Gewalt. Da ist das Klima so vergiftet, dass Frauen nur sehr bedingt frei schreiben können. Und der Preis, den Autorinnen dafür zahlen, ist oft unerträglich hoch. Es ist kein Einzelfall, dass Frauen sich deshalb ganz vom Schreiben zurückziehen. Diese Art Machtmissbrauch ist möglich, weil solches Verhalten an den entscheidenden Stellen nach wie vor toleriert, verharmlost und gedeckt wird, auch in der Buchbranche und den Medien.

Ich habe mit diesem Buch versucht, die Gemengelage darzustellen und über die historischen Hintergründe von Misogynie genauso zu berichten wie über den aktuellen Umgang mit Autorinnen, über frühere Themen weiblichen Schreibens genauso wie über heutige. Und ich habe versucht, auf die häufigsten Einwände einzugehen. Wichtig war mir dabei vor allem, ein Bewusstsein für die Zusammenhänge zu schaffen. Dafür, woher wir kommen, woher die heutigen Strukturen und Vorannahmen stammen. Und dafür, dass die Verachtung von Frauen und ihrem Werk eine sehr lange Tradition hat, die auch heute noch wirkt. Diese schlägt sich in der Ausgrenzung und der nicht nur wirtschaftlichen Benachteiligung von Autorinnen nieder, in der Geringschätzung und Verächtlichmachung ihrer Arbeit. So eine Haltung bildet auch die Grundlage für antifeministische Haltungen und für die Objektifizierung von Frauen. All das sind Stufen der Misogynie. Es ist eine Pyramide, deren breite Basis aus mangelnder Empathie für Frauen besteht, aus Geringschätzung und Ausgrenzung und an deren Spitze sexualisierte Gewalt und Femizid stehen. Es baut alles aufeinander auf, genau wie beim Rassismus. Das Problem lässt sich nur an der Wurzel bekämpfen: indem es gesellschaftlich nicht mehr hingenommen wird, wenn Frauen, wenn queere Menschen, wenn BIPoC benachteiligt und verächtlich gemacht werden. Dafür aber muss das zunächst mal *gesehen* und anerkannt statt für normal gehalten werden. Ruth Klüger schlug deshalb schon 1994 vor, feministische Theorie und Kritik zum Pflichtfach zu machen.

Worum es mir *nicht* ging: einzelnen Gruppen im Literaturbetrieb die Schuld für diese Missstände zuzuschreiben. Redaktionen und Jurys haben nicht ganz unrecht, wenn sie auf das Geschlechterverhältnis in den Verlagsprogrammen verweisen, die Verlage haben nicht ganz unrecht, wenn sie auf das Kaufverhalten der Lesenden verweisen, die wiederum auf die Medien und das Angebot zeigen, von dem sie beeinflusst werden. Es ist ein sich selbst erhaltender Kreislauf – und die Frage, wer dafür verantwortlich ist, führt nicht weiter. Gegen strukturelle Probleme helfen nur strukturelle Veränderungen, und die sind nur zu erreichen, wenn genug Menschen aus den unterschiedlichen Bereichen ein Interesse daran haben oder sich für die Benachteiligten einsetzen – in den Verlagen, in den Redaktionen, in den Kultusministerien. Und auch Leser*innen und Konsument*innen können dazu beitragen.

Bei vielen Autorinnen steigt die Wut darüber, wie sie behandelt werden. Auch darüber, dass einigen Themen immer noch implizit die Literarizität abgesprochen wird, herrscht Ärger. Einige reagieren darauf mit einer Art Mimikry und weichen auf traditionell männliche Erzählmuster und Perspektiven aus, um von Lesern und Kritikern ernst genommen zu werden. Andere sehen das gar nicht ein und wagen die Flucht nach vorn, machen, wie Isabelle Lehn schreibt, »Ehrlichkeit gegenüber der eigenen Erfahrung zum Maßstab« und erzählen mit Schärfe und Wut von Mutterschaft, sozialer Isolation und finanzieller Benachteiligung. »Sie lassen die zynische, kritische, machthungrige Frau zu Wort kommen, die aggressive, vulgäre Frau, die unzufriedene, impulsive und sexuell aktive Frau. Es spricht die egoistische, unberechenbare, irrationale Frau. Die kühle, die peinliche, die wütende Frau. Es sollen alle Anteile laut werden, die wir sonst vor der Welt zu verbergen suchen.«

So was wollen Sie gar nicht hören und schon gar nicht lesen? Genau *das* ist übrigens diese Misogynie. Die tief verankerte Ablehnung und Abwertung des Weiblichen, die unserer Kultur seit Jahrtausenden inhärent ist, die für die Überhöhung des Männlichen mitverantwortlich ist und für Homophobie und Transfeindlichkeit sowieso. Und die sich leider auch nicht einfach abschütteln lässt. Aber man kann sie sich bewusst machen und dagegen angehen. Zum Beispiel, indem man mehr Bücher von Autorinnen liest, die Perspektive wechselt, hinhört, ernst nimmt. Denn es reicht nicht, festzustellen, dass Texte von Männern und Frauen unterschiedlich aufgenommen werden und dass die Ungleichheit der Geschlechter sich in der Welt der Literatur in Zahlen ausdrücken lässt. Es ist – in Siri Hustvedts Worten – »absolut wesentlich, dass es für jede*n Einzelne*n von uns sonnenklar ist, dass in unseren Lesegewohnheiten etwas zugleich Schädliches und Törichtes am Werk ist«.

QUELLENNACHWEIS

~~FRAUEN~~LITERATUR – ÜBER DIESES BUCH

»Ist Krieg und Frieden *ein Frauenroman?«, fragt sie in einem Essay zum Thema* … Margaret Atwood, »Männer gestalten: Romanfigur Mann«, *Aus Neugier und Leidenschaft, Gesammelte Essays,* Berlin: Berlin Verlag 2017, S. 76

Elena Ferrante hat in einem Interview mal gesagt, sie hätte »hoch gebildete, sehr reflektierte Bekannte, die dazu neigen … Elena Ferrante, »Das Magma unter den Konventionen, Antworten auf die Fragen von Elissa Scheppell«, in: Elena Ferrante, *Frantumaglia, Mein geschriebenes Leben,* Berlin: Suhrkamp Verlag 2019, S. 428

Dass diese Abwertung von Autorinnen systematisch geschieht, … Joanna Russ, *How to Suppress Women's Writing,* Austin: University of Texas Press 1983

Rebecca Solnit beginnt ihren 2015 erschienen Essay Wenn Männer mir die Welt erklären *mit der Beschreibung einer realen Begegnung* … Rebecca Solnit, *Wenn Männer mir die Welt erklären,* Hamburg: Hoffmann und Campe 2015, S. 11–13

»Haben Sie heutzutage je die Frage gehört, ob ein von einem Mann unterzeichnetes Buch in Wirklichkeit von einer Frau … Elena Ferrante, »Das Magma unter den Konventionen«, s. o., S. 429

Siri Hustvedt berichtet von einem Journalisten, der ihr unterstellte, ihr erster Roman sei in Wirklichkeit von ihrem Mann Paul Auster geschrieben worden … Siri Hustvedt, *Wenn Gefühle auf Worte treffen, Ein Gespräch mit Elisabeth Bronfen,* Zürich: Kampa Verlag 2019, S. 85

KLEINE PERSÖNLICHE LESEHISTORIE

Alle drei Männer – Leonard Woolf, John Middleton Murry und Ted Hughes – hatten massiv in die Texte eingegriffen und sie in ihrem Sinne kommentiert … Nicole Seifert, *Von Tagebüchern und Trugbildern, Die autobiographischen Aufzeichnungen von Katherine*

Mansfield, Virginia Woolf und Sylvia Plath, Berlin: Kulturverlag Kadmos 2008

Eine Crew, »deren toxische Vorstellung von Maskulinität letztlich ihr Untergang ist« … Kathrin Passig und Esther Seyffarth, »Moby Dick in 30 Minuten«, Vortrag auf der re:publica, 6.5.2019 und online, URL: https://user.phil.hhu.de/~seyffarth/presentations/mb30m.pdf

Neulich habe ich in einer Folge des Podcasts »Die Podcastin« ein Gespräch zwischen der Schweizer Historikerin Regula Staempfli und der schweizerisch-deutschen Literaturwissenschaftlerin Isabel Rohner gehört … »Die Rohnerin & laStaempfli über sexistische ›CultureProudBoys‹, Kuratoren-Leerstellen & Frauensolidarität«, diepodcastin.de, Folge vom 4.10.2020, URL: http://diepodcastin.de/2020/10/04/die-rohnerin-lastaempfli-ueber-sexistische-cultureproudboys-die-kuratoren-leerstellen-frauensolidari taet/

Eine Antwort habe ich bei der britischen Historikerin Mary Beard gefunden, die in ihrem Buch Frauen & Macht *so knapp wie einleuchtend zeigt …* Mary Beard, *Frauen und Macht, Ein Manifest,* Frankfurt am Main: S. Fischer Verlag 2018

Sogar, wenn sie kein eigenes Geld und kein eigenes Zimmer hatten – beides von unschätzbarem Vorteil für schreibende Frauen … Virginia Woolf, *Ein eigenes Zimmer, Essay,* Frankfurt am Main: S. Fischer Verlag 2019

Nicht das Erinnern, sondern das Vergessen … Aleida Assmann, *Formen des Vergessens,* Göttingen: Wallstein Verlag 2016, S. 30

WO IST DAS PROBLEM?

… die Veröffentlichung einer Studie der Universität Rostock … #frauenzählen, Sichtbarkeit von Frauen in Medien und im Literaturbetrieb, Ein Forschungsprojekt der verbandsübergreifenden AG Diversität*, URL: http://www.frauenzählen.de/index.html

Dort sind außerdem andere europäische Studien zu Geschlechterverhältnissen im Medienbetrieb verlinkt.

Es ging uns bei der Zählung, deren Ergebnisse wir in einem Artikel für den Spiegel *festgehalten haben ...* Berit Glanz und Nicole Seifert, »Wenn es unterhaltsam wird, sind die Frauen dran«, Spiegel.de, 22.12.2019, URL: https://www.spiegel.de/kultur/literatur/vorschauenzaehlen-anteil-von-autorinnen-in-den-fruehjahrsprogrammen-a-1301975.html

»Angesichts der Manuskriptfülle, aus der Verlage auswählen ... Susanne Krones im Gespräch mit Carsten Otte, Nicole Seifert und Rainer Moritz, »Autorinnen gesucht – Wie männlich ist der Literaturbetrieb?«, *SWR 2 Forum,* 21.1.2020.

Und eine Umfrage, die Die Welt *nach unserem* Spiegel-*Artikel startete ...* »Es braucht keine Genderaufsicht«, *Die Welt,* 25.1.2020 – »absolut richtig und erstrebenswert«, beim Verlegen auf Geschlechtergerechtigkeit zu achten, fand Tim Jung, Verleger von Hoffmann und Campe, aber auch viele andere Verleger*innen sahen in der Aktion ein wichtiges Thema angesprochen.

»Beliebt ist«, wie die Autorin Tanja Dückers in einem Beitrag für Deutschlandfunk Kultur *zusammenfasste ...* Tanja Dückers, »Die subtile Machtausübung der Männer«, *Deutschlandfunk Kultur,* 24.5.2018, URL: https://www.deutschlandfunkkultur.de/sexismus-im-literaturbetrieb-die-subtile-machtausuebung-der.1005.de.html?dram:article_id=418549

Hervorgetan hat sich da Martin Ebel ... Martin Ebel, »Sex, Moral und Political Correctness, Sally Rooneys Debütroman *Gespräche mit Freunden* ist der literarische Hype des Sommers«, Tagesanzeiger, 2.8.2019, URL: https://www.tagesanzeiger.ch/kultur/buecher/sex-moral-und-political-correctness/story/14130216

Goethes ›Werther‹ ist, wie so vieles, Geschmackssache ... Tweet von Simone Meier am 3.8.2019

Das Gesicht mit dem Näschen, dem gepflegten Mund, den regelmäßigen Zügen ... Peter Lückemeier, »Tochter, Anwältin – und nun Talkmasterin«, *Frankfurter Allgemeine Zeitung,* 30.6.2019, URL: https://www.faz.net/aktuell/rhein-main/frankfurt/talkshow-zart-am-limit-laura-karaseks-langer-werdegang-16261004.html – Mit geändertem Namen getwittert am 15.8.2019 von Samira El Ouassil unter #dichterdran

»Bei allem Föderalismus, bei der Übergehung von Frauen sind sich alle Bundesländer einig«, hieß es im SZ-Magazin ... Simon Sales Prado, »Warum in der Schule nur männliche Autoren gelesen werden«, *Süddeutsche Zeitung Magazin,* 19.5.2020, URL: https://sz-magazin.sueddeutsche.de/literatur/frauen-literatur-schullektuere-88783?reduced=true

In einem Interview sagte Reich-Ranicki: »Man darf auch nicht sagen, Frauen können keine Romane schreiben ... Interview von André Müller mit Marcel Reich-Ranicki, 2.9.2000, URL: http://elfriedejelinek.com/andremuller/marcel%20reich-ranicki.html

... reanimierte Volker Hage für einen Spiegel-*Artikel zum Thema den Fünfzigerjahre-Begriff des »Fräuleinwunders«* ... Volker Hage, »Ganz schön abgedreht«, *Der Spiegel,* 21.3.1999, URL: https://www.spiegel.de/kultur/ganz-schoen-abgedreht-a-bf9d1ff9-0002-0001-0000-000010246374

Die Autorin Julia Franck, die in dem Artikel zwar nicht vorkam, in den folgenden Jahren jedoch immer wieder zu dem konstatierten Phänomen dazugezählt wurde ... Julia Franck, in: Deutscher Kulturrat e.V. (Hg.), *Frauen in Kultur und Medien,* Berlin 2016, S. 457, URL: https://www.kulturrat.de/publikationen/frauen-in-kultur-und-medien/

In dem Text mit dem bezeichnenden Titel »Gute Nacht, Abendland« äußert Martenstein die Sorge ... Harald Martenstein, »Gute Nacht,

Abendland«, ZEIT Magazin, 16.5.2018, URL: https://www.zeit.de/zeit-magazin/2018/21/harald-martenstein-ungerechtigkeit-gender?utm_referrer=https%3A%2F%2Fwww.google.de%2F

Siri Hustvedt berichtet in einem Essay davon, wie sie den norwegischen Schriftsteller Karl Ove Knausgård in New York vor Publikum interviewte ... Siri Hustvedt, »Keine Konkurrenz«, *Eine Frau schaut auf Männer, die auf Frauen schauen, Essays über Kunst, Geschlecht und Geist,* Reinbek: Rowohlt 2019, S. 144–169

Der Literaturnobelpreisträgerin Elfriede Jelinek »fehlt in der Debatte um weibliche Kunst immer ein einziges Wort: Verachtung« ... Elfriede Jelinek, »Verachtung«, in: Ilka Piepgras (Hg.), *Schreibtisch mit Aussicht, Schriftstellerinnen über ihr Schreiben,* Zürich: Kein und Aber 2020, S. 137

Vom Spiegel *danach gefragt, ob und wofür es so einen Kanon heute noch brauche, antwortete Reich-Ranicki im Jahr 2001 ...* »›Literatur muss Spaß machen‹, Marcel Reich-Ranicki über einen neuen Kanon lesenswerter deutschsprachiger Werke«, *Der Spiegel* Nr. 25, 18.6.2001

Thomas Kerstan präsentierte 2018 in der ZEIT unter dem Titel »Wir brauchen einen neuen Kanon« eine Auswahl von universalem Anspruch ... Thomas Kerstan, »Wir brauchen einen neuen Kanon«, *Die ZEIT,* 15.8.2018, URL: https://www.zeit.de/2018/34/allgemeinwissen-kanon-globalisierung-digitalisierung-jugend-bildung

Auch Denis Scheck kommt in seinem in Buchform veröffentlichten Kanon gerade mal auf ein Fünftel Autorinnen ... Denis Scheck, *Schecks Kanon, Die 1000 wichtigsten Werke der Weltliteratur von »Krieg und Frieden« bis »Tim und Struppi«,* München: Piper Verlag 2019

Vor knapp hundert Jahren schrieb Virginia Woolf: »Grob gesprochen, Fußball und Sport sind ›wichtig‹ ... Virginia Woolf, *Ein eigenes Zimmer,* Frankfurt am Main: Fischer Taschenbuch Verlag 2019, S. 146

Denis Scheck fragt ebenfalls gleich selbst ... Schecks Kanon, s.o., S. 22

Schecks Erklärung gleicht übrigens bis ins Detail der Antwort von Reich-Ranicki ... »Literatur muss Spaß machen«, s.o.

Auf Kerstans Kanon-Beitrag folgte so viel Kritik, dass seine Kolleginnen ... Ann-Kristin Tlusty, Julia Meyer und Judith Luig, »Kanon, du lebendiges Ding«, *Die ZEIT,* 29.8.2018, URL: https://www.zeit.de/gesellschaft/2018-08/bildung-kanon-werke-literatur-musik-film

Auch die Schriftstellerinnen Sibylle Berg und Simone Meier haben es gemeinsam mit anderen unternommen, einen Gegenkanon zusammenzustellen ... URL: https://diekanon.org

Das Schweizer Magazin Die Republik *verlieh dem Projekt im Januar 2019 den Preis der Redaktion. Die Begründung ...* »Auch die Erinnerung hat ein Geschlecht«, in: *Republik,* 31.1.2019

Die Literaturwissenschaftlerin und Kuratorin Sonja Lewandowski nennt das im Gegensatz zu dem schriftlich fixierten einen »gesummten Kanon« ... Sonja Lewandowski, »Der gesummte Kanon – Homosoziale Empfehlungen im literarischen Gespräch«, Goethe-Institut Schweden, URL: https://www.goethe.de/ins/se/de/kul/sup/ltk/21680084.html

»Was wir gegenwärtig lesen, ist nicht zuletzt eine Folge dessen, was wir zu lesen gelernt haben« ... Isabelle Lehn, »Weibliches Schreiben in der deutschsprachigen Gegenwartsliteratur«, fischerverlage.de, URL: https://www.fischerverlage.de/magazin/extras/weibliches-schreiben-gegenwartsliteratur

So hat der Literaturwissenschaftler Tillmann Severin sein Leseverhalten grundsätzlich überdacht ... Tillmann Severin, »My white male bookshelf«, Literaturwissenschaft Berlin, URL: https://literaturwissenschaft-berlin.de/my-white-male-bookshelf-tillmann-severin/

Saša Stanišić nennt die Literaturlisten für die ... in: Simon Sales Prado, »Warum in der Schule nur männliche Autoren gelesen werden«, s. o.

Simon Sales Prado schrieb in seinem schon zitierten Artikel im SZ *Magazin: »Als entschieden wurde, dass Goethe ein Genie ist* ... s. o.

Schon in der Schule ... in: Ruth Klüger, *Lesen Frauen anders?*, Heidelberg: C.F. Müller Juristischer Verlag, 1994, S. 7

»Ganz richtig: Sie übernehmen diese Haltung ... Isabelle Lehn, »Weibliches Schreiben in der deutschsprachigen Gegenwartsliteratur«, s. o.

Im Literarischen Quartett *rief diese Darstellung damals heftigen Widerspruch nicht nur von Marcel Reich-Ranicki hervor* ... Es handelt sich um das *Literarische Quartett* vom 13.6.1996 mit Marcel Reich-Ranicki, Hellmuth Karasek, Sigrid Löffler und Hajo Steinert, nachzusehen auf Youtube, URL: https://www.youtube.com/watch?v=cNjL0BR0pS0

Noch Elena Ferrante sagt, sie sei in der Überzeugung groß geworden, nur zu existieren, wenn ... Elena Ferrante, »Das Magma unter den Konventionen, Antworten auf die Fragen von Elissa Scheppell«, s. o., S. 425–427

Die Britin Sarah Moss erkennt darin nicht nur eine literarische Entscheidung, sondern auch eine politische ... Sarah Moss, »Unhappy Campers«, interviewt von Lennie Goodings, Edinburgh International Book Festival 2020, URL: https://www.edbookfest.co.uk/media-gallery/item/sarah-moss-unhappy-campers

Noch in den Sechziger- und Siebzigerjahren wurden Kinder etwa von der Firma Lego ... Nils Pickert, »War Spielzeug schon immer geschlechtergetrennt?«, pinkstinks.de, 18.6.2019, URL: https://pinkstinks.de/war-spielzeug-schon-immer-geschlechtergetrennt/

Statistisch versucht in Deutschland jeden Tag ein Mann, seine (Ex-) Partnerin zu töten ... Bundeskriminalamt, »Partnerschaftsgewalt –

Kriminalstatistische Auswertung – Berichtsjahr 2019«, URL: https://www.bka.de/DE/AktuelleInformationen/Statistiken-Lagebilder/Lagebilder/Partnerschaftsgewalt/partnerschafts gewalt_node.html

AUTORINNEN UND DIE LITERATURGESCHICHTE

In der im Metzler Verlag erschienenen Deutschen Literaturgeschichte *von 1992 sind kaum zehn Prozent Autorinnen verzeichnet …* W. Beutin, K. Ehlert, W. Emmerich, H. Hoffacker, B. Lutz, V. Meid, R. Schnell, P. Stein und I. Stephan (Hg.), *Deutsche Literaturgeschichte, Von den Anfängen bis zur Gegenwart,* Stuttgart: J. B. Metzlersche Verlagsbuchhandlung 1992

… genauso in der Englischen Literaturgeschichte, *die 1993 erschien …* Hans Ulrich Seeber (Hg.), *Englische Literaturgeschichte,* Stuttgart: J. B. Metzlersche Verlagsbuchhandlung 1993

Die Französische Literaturgeschichte von 1991 weist nicht mal acht Prozent Autorinnen auf … Jürgen Grimm (Hg.), *Französische Literaturgeschichte,* Stuttgart: J. B. Metzlersche Verlagsbuchhandlung 1991

In der im Umfang sehr gewachsenen aktuellen Auflage von Metzlers Deutsche Literaturgeschichte *von 2019 …* W. Beutin, M. Beilein, K. Ehlert, W. Emmerich, C. Kanz, B. Lutz, V. Meid, M. Opitz, C. Opitz-Wiemers, R. Schnell, P. Stein und I. Stephan, *Deutsche Literaturgeschichte, Von den Anfängen bis zur Gegenwart,* Stuttgart: J. B. Metzler 2019

Der äußerst lesenswerte, 1999 aktualisierte Sammelband Frauen Literatur Geschichte *präsentiert die Geschichte weiblichen Schreibens …* Hiltrud Gnüg und Renate Möhrmann (Hg.), *Frauen Literatur Geschichte, Schreibende Frauen vom Mittelalter bis zur Gegenwart,* Stuttgart: J. B. Metzlersche Verlagsbuchhandlung und Carl Ernst Poeschel Verlag GmbH 1999

Silvia Bovenschen sprach in diesem Zusammenhang vom »belegbaren Ausschluß der Frauen …« Silvia Bovenschen, *Die imaginierte Weiblichkeit, Exemplarische Untersuchungen zu kulturgeschichtlichen und literarischen Präsentationsformen des Weiblichen,* Frankfurt am Main: Suhrkamp 1979, S. 15

Tagsüber wurde sie davon in Anspruch genommen, gemeinsam mit ihren Schwestern … Barbara Becker-Cantarino, »Leben als Text – Briefe als Ausdrucks- und Verständigungsmittel in der Briefkultur und Literatur des 18. Jahrhunderts«, in: Hiltrud Gnüg und Renate Möhrmann (Hg.), *Frauen Literatur Geschichte,* Stuttgart: J. B. Metzler 1999, S. 140

Wenn Frauen nicht gerade über die Freiheiten und Mittel des Adels verfügten, waren sie von ihren Vätern oder Ehemännern abhängig … Barbara Becker-Cantarino, s. o.

Noch Mitte des zwanzigstens Jahrhunderts sah sich die in einer österreichischen Kleinstadt lebende Autorin Marlen Haushofer … Vgl. Daniela Strigl, *»Wahrscheinlich bin ich verrückt«, Marlen Haushofer – Die Biografie,* Berlin: List Verlag 2007, S. 219 ff.

Eine der ersten Berufsschriftstellerinnen war die ungeheuer produktive Christine de Pisan … Bonnie S. Anderson und Judith P. Zinsser, *Eine eigene Geschichte, Frauen in Europa, Band 2: Aufbruch, Vom Absolutismus zur Gegenwart,* Aus dem Amerikanischen von Pia Holenstein Weidmann, Frankfurt am Main: Fischer Taschenbuch Verlag 1995, S. 96

Noch Rahel Varnhagen klagte über ihre fehlende Schulbildung und Bettina von Arnim über ihren mangelnden systematischen Unterricht … Barbara Becker-Cantarino, s. o., S. 135

In seinem enorm erfolgreichen Roman Émile oder über die Erziehung *… Und er ging noch weiter: Die natürliche Neugier müsse in Mädchen und jungen Frauen abgetötet werden, um sie in »liebenswerter Unwissenheit« zu halten.* Jean-Jacques Rousseau, *Emile oder Über die Erziehung,* Stuttgart: Reclam 2019

... sie waren in jeder Hinsicht angewiesen auf ihre Väter und Ehemänner und von ihnen abhängig – was genau die Absicht gewesen war ... Hansjürgen Blinn, »›Das Weib wie es seyn sollte.‹ Der weibliche Bildungs- und Entwicklungsroman um 1800«, in: Gnüg/Möhrmann, *Frauen Literatur Geschichte,* s. o., S. 81

Virginia Woolf bezeichnete Briefe als Schule der schreibenden Frauen ... Virginia Woolf, »Dorothy Osbornes Briefe«, *Der gewöhnliche Leser, Essays,* Band 2, Deutsch von Hannelore Faden und Helmut Viebrock, Frankfurt am Main: S. Fischer 1990, S. 71f.

Wie die Germanistin Katharina Herrmann in ihrem lebendigen Porträt der Autorin schreibt, war Sophie von La Roche ... Katharina Herrmann, *Dichterinnen & Denkerinnen, Frauen, die trotzdem geschrieben haben,* Ditzingen: Reclam 2020, S. 17–26

Dass La Roche als Frau überhaupt einen Roman veröffentlichen konnte, hatte sie der Unterstützung ihres drei Jahre jüngeren Cousins Christoph Martin Wieland zu verdanken ... Katharina Herrmann, s. o., S. 21

... dass der Roman ein überwältigender Erfolg wurde und Goethe zu seinem Briefroman Die Leiden des jungen Werther *inspirierte.* Barbara Becker-Cantarino, s. o., S. 144

Jane Austen fand für die ersten Fassungen ihrer frühen Romane als Frau keinen Verlag, genauso ging es Charlotte Brontë ... Claudia Sternberg, »Domestic Fiction(s): Ehe und Partnerschaft bei Jane Austen, den Brontës und George Eliot«, in: Gnüg/Möhrmann, *Frauen Literatur Geschichte,* s. o., S. 92

Dort beschreibt er Emily als die bedeutendere Brontë-Schwester, aber auch als die »finsterere und kühnere« Autorin, deren »erschreckende Härte« ... Klaus Mann, »Die Schwestern Brontë«, in: Charlotte Brontë, *Jane Eyre,* Roman, Deutsch von Bernhard Schindler, Zürich: Diogenes 1988, S. 659–669

Da scheint es um Positionsfragen und Machtabgrenzungen zu gehen ... – »die Frau als Eindringling in die Arena der männlichen Kultursiege« ...

Renate Möhrmann, »›Die Teilnahme der weiblichen Welt am Staatsleben ist eine Pflicht!‹ Vormärzautorinnen ergreifen das Wort«, in: Gnüg/Möhrmann, *Frauen Literatur Geschichte,* s. o., S. 377

... dass den unterschiedlichen Bildungs- und Berufsmöglichkeiten von Frauen und Männern eine Doppelmoral entsprach ... Hiltrud Gnüg, »Erotisch-emanzipatorische Entwürfe, Schriftstellerinnen um die Jahrhundertwende«, in: Gnüg/Möhrmann, *Frauen Literatur Geschichte,* s. o., S. 446

... wo sie in linken Kreisen verkehrte, in der Öffentlichkeit Männerkleidung trug, in Kneipen politische Diskussionen führte und auf offener Straße rauchte ... Katharina Herrmann, s. o., S. 72–82

... Dies seien Fragen, »die nur von Männern für Männer verhandelt werden können.« ... Germaine Goetzinger, »›Allein das Bewußtsein dieses Befreienkönnens ist schon erhebend‹, Emanzipation und Politik in Publizistik und Roman des Vormärz«, in: *Deutsche Literatur von Frauen, Zweiter Band, 19. und 20. Jahrhundert,* hg. v. Gisela Brinker-Gabler, München: C. H. Beck 1988, S. 86

Frauen waren mit der männlichen Erfahrungswelt zunehmend unvertrauter ... Günter Häntzschel, »Für ›fromme, reine und stille Seelen‹, Literarischer Markt und ›weibliche‹ Kultur im 19. Jahrhundert«, in: *Deutsche Literatur von Frauen, Zweiter Band, 19. und 20. Jahrhundert,* s. o., S. 120

Wo eine dreibändige Bibliographie von 1825 rund 500 »deutsche Schriftstellerinnen des neunzehnten Jahrhunderts« verzeichnete, waren es im »Lexikon deutscher Frauen der Feder« von 1898 bereits über 5.000 ... Günter Häntzschel, in: *Deutsche Literatur von Frauen, Zweiter Band, 19. und 20. Jahrhundert,* s. o., S. 119

Das Buch, insbesondere der Roman, wurde »zum Lebensinhalt des passiven Teils der bürgerlichen Gesellschaft (vor allem also der Frauen und der Jugendlichen, weniger der berufstätigen Männer).« ... Deutsche Literaturgeschichte, Metzler 2019, s. o., S. 296 f.

... die angesichts des geistigen Vakuums ihrer Lebensumstände Trost, Orientierung und moralische Belehrung bieten wollten oder einfach Ablenkung und sinnvolle Beschäftigungen vorschlugen ... Günter Häntzschel, in *Deutsche Literatur von Frauen, Zweiter Band, 19. und 20. Jahrhundert,* s. o., S. 121

Derjenige, der sich der »Frauenfrage« literarisch als Erster stellte, war Henrik Ibsen. Sein Drama Nora oder Ein Puppenheim *wurde um 1900 zum Inbegriff weiblicher Emanzipation ... Deutsche Literaturgeschichte,* Metzler 2019, s. o., S. 352 f.

... und bekommt, als ihre Schwangerschaft unübersehbar wird, die Empfehlung, nicht mehr im Labor zur erscheinen, bis »die ganze Schweinerei« vorüber sei .... Vicki Baum, *Stud. Chem. Helene Willfüer,* Roman, München: Heyne Verlag 1983 (1956), S. 135

Alfred Döblin etwa, der an der Vergabe des Staatsbürgerinnen-Preises mitwirkte ... »unter dem Verdacht, bestenfalls Literatur einer ›mittleren Sphäre‹ sein zu können«. Helmuth Kiesel, *Geschichte der deutschsprachigen Literatur 1918–1933,* München: C. H. Beck, 2017, S. 620 f.

In ihrem Lebensrückblick Es war alles ganz anders *bezeichnet sie sich selbst als eine »erstklassige Schriftstellerin zweiter Güte«.* Ebd., S. 621

In Artikeln aus den Jahren um 1930 aber zweifeln nicht nur Alfred Döblin, sondern auch Autorinnen wie Erika Mann, Gina Kaus, Caroline Urstadt und andere gelegentlich an den literarischen Fähigkeiten von Frauen ... Helmut Kiesel, *Geschichte der deutschsprachigen Literatur 1918–1933,* s. o., S. 621

VON KLASSIKERN UND VOM VERGESSEN – WIE FUNKTIONIERT KANONISIERUNG?

Beide Romane waren große Verkaufserfolge, wurden bereits im Jahr ihres Erscheinens mehrfach nachgedruckt und erlebten in den folgenden Jahren weitere Auflagen ... Renate von Heydebrand und Simone

Winko, »Geschlechterdifferenz und literarischer Kanon, Historische Beobachtungen und systematische Überlegungen«, in: *Internationales Archiv für Sozialgeschichte* 19/2 (1994), S. 96–172, hier: S. 98

Thomas Mann pries die sechzehn Jahre ältere Gabriele Reuter 1904 als »die souveränste Frau, die heute in Deutschland lebt« ... und Sigmund Freud bescheinigte dem Roman »die besten Einsichten in das Wesen und die Entstehung der Neurosen«. Annette Seemann, *Gabriele Reuter, Leben und Werk einer geborenen Schriftstellerin (1859–1941),* Weimar: Weimarer Verlagsgesellschaft 2016, S. 156

Ihr sehr nachvollziehbar geschildertes Schicksal wirkt vor allem deshalb beunruhigend ... Peter Sprengel, *Geschichte der deutschsprachigen Literatur 1870–1900, Von der Reichsgründung bis zur Jahrhundertwende,* München: C.H. Beck 1998, S. 174

Die Literaturwissenschaftlerinnen Renate von Heydebrand und Simone Winko haben untersucht, wie die beiden Romane bei Erscheinen besprochen wurden ... Heydebrand/Winko, s.o.

Ein zeitgenössischer amerikanischer Forscher sieht das so ... Richard L. Johnson, »Gabriele Reuter: Romantic and Realist«, in: Susan Cocalis und Kay Goodman (Hg.), *Beyond the Eternal Feminine: Critical Essays on Women and German Literature,* Stuttgart: Akademischer Verlag Hans-Dieter Heinz 1982, S. 226

Allerdings ergibt sich eine »deutliche Benachteiligung durch die Platzierung und den Umfang der Rezensionen ... Heydebrand/Winko, s.o., S. 103

Victor Klemperer erkannte 1908 in einer größeren Rückschau auf Reuters frühe Romane die anklagende sowie die dokumentarische Dimension von Aus guter Familie *und verstand das Werk zugleich als »ergreifendste Dichtung« ...* Heydebrand/Winko, s.o., S. 107

Reuter selbst berichtete, dass ausgerechnet ihre Naturalistenfreunde diese Schilderungen unter »Zweideutigkeiten und Obszönitäten« ver-

buchten sowie als »Enthüllung von Sexualitäten« ... Heydebrand/Winko, s. o., S. 108

Heute wertet die Literaturwissenschaft Reuters Tabubruch einhellig als Innovation innerhalb des Genres des gesellschaftskritischen Romans ... Heydebrand/Winko, s. o., S. 108

Allerdings geschieht dies mit einer Ironie, die diese Trivialitäten als Zitate kenntlich macht, als parodistische und satirische Darstellung, wie schon Thomas Mann erkannte ... Heydebrand/Winko, s. o., S. 109

Von vornherein wird ein Großteil sogenannter »Frauenliteratur«, so Heyebrand und Winko, in ein »Ghetto« eingeschlossen ... Heydebrand/Winko, s. o., S. 105

... entweder in Richtung ›Trivialität‹ oder in Richtung ›Tendenz‹ steuert. Mit diesen beiden Behauptungen wird dauerhafte Kanonisierung verhindert, sodass bis ins zwanzigste Jahrhundert hinein nur ganz wenige Autorinnen in der Reihe der männlichen Tradition wahrgenommen und gewertet werden ... Heydebrand/Winko, s. o., S. 111

Deren Verfasser mussten sich im 19. Jahrhundert mit dem Paradox auseinandersetzen, dass sich nach der »natürlichen Verfaßtheit« die Frau »ihrem Wesen« nach nicht öffentlich äußern sollte, es aber dennoch tat ... Ortrun Niethammer, »Kanonisierung als patriarchalischer Selektionszwang? Das Beispiel Annette von Droste-Hülshoff«, in: Heinz Ludwig Arnold (Hg.), *Text + Kritik Sonderband Literarische Kanonbildung IX/02, München: edition text + kritik im Richard Boorberg Verlag 2002, S. 181–193,* hier S. 189 f.

Er drang darauf, dass das Werk, das über dreißig Jahre zuvor in einer Zeitschrift erschienen war, 1876 in den 24. Band des Neuen deutschen Novellenschatzes *aufgenommen wurde ...* Ortrun Niethammer, s. o., S. 191

Als Studentin war mir allerdings überhaupt nicht klar, dass diese Titel noch 1963 nicht mal lieferbar gewesen waren. Was auch bedeutet ... Todd McGowan, *The Feminine »No!«, Psychoanalysis and the*

New Canon, Albany: State University of New York Press 2001, S. 13

Es ging damals in den USA und es geht heute bei uns darum, das historische Verständnis zu erweitern, bisher Ignoriertes einzubeziehen ... McGowan, s.o., S. 12

Die Annahme, es habe nur wenige Schriftstellerinnen gegeben und diejenigen, die es gab, seien eben nicht so gut gewesen wie die Männer, wurde systematisch als falsch entlarvt .... Gabriele Rippl und Simone Winko (Hg.), *Handbuch Kanon und Wertung, Theorien, Instanzen, Geschichte,* Weimar: J.B. Metzler 2013, S. 32

Eine interessante Frage stellt im Zusammenhang mit dem oft verwendeten Begriff des »Vergessens« der amerikanische Literaturwissenschaftler Todd McGowan ... McGowan, s.o., S. 28

Autorinnen wurden wiederentdeckt, neu gelesen, erforscht, gelehrt und wieder aufgelegt. Sie wurden kanonisch. 1996 gab es allein in den USA zweiundzwanzig verschiedene Ausgaben von *The Awakening / Das Erwachen ...* McGowan, s.o., S. 13

... und Alice Walkers Die Farbe Lila, *das gleich zu Beginn ein Sprechverbot zitiert ...*

Anne Koenen, »Der verweigerte Ort, Sklaverei und Freiheit in der Literatur afro-amerikanischer Autorinnen«, in: Gnüg/Möhrmann, *Frauen Literatur Geschichte,* s.o., S. 574–590, hier S. 574

... andererseits als Instrument der psychischen Versklavung und die Frage, wie Liebe, auch Mutterliebe, in einem solchen System existieren kann ... Anne Koenen, s.o., S. 579

Es passte schlicht nicht zu der Ästhetik und Thematik, die von den weißen *Männern mit homogener Hochschulsozialisation favorisiert wurde, die entschieden, was an die Universitäten und in die Literaturgeschichten gehörte ... Handbuch Kanon und Wertung,* s.o., S. 112 ff.

Was ihren Roman für beide einmalig machte, war das Selbstbewusstsein der Schwarzen Menschen in Vor ihren Augen sahen sie Gott ... McGowan, s.o., S. 22

Als Walker nach Florida reiste, um das Grab der 1960 einsam und verarmt verstorbenen Hurston zu besuchen ... Amerikanische Literaturgeschichte, Hg.v. Hubert Zapf, Stuttgart: Verlag J.B. Metzler 1997, S. 402

Kanonisierung ist etwas per se Dynamisches, Plurales, der Kanon oder die Kanones ständig in Bewegung, darin ist sich die Literaturwissenschaft seit etwa Mitte der Neunzigerjahre weitgehend einig ... Handbuch Kanon und Wertung, s.o., S. 102

... erlebte es durch dieses veränderte Verständnis gewissermaßen eine Rehabilitierung und wird heute von der Literaturwissenschaft wieder überwiegend als etwas funktional Sinnvolles, ja Notwendiges betrachtet ... Handbuch Kanon und Wertung, s.o., S. 104

WEIBLICHES SCHREIBEN – GIBT ES DAS ÜBERHAUPT?

»Wer also aus der Spezifik weiblicher Körpererfahrung spezifische Weiblichkeitstheorien oder gar einen neuen Mythos des ›Urweiblichen‹« ableite ... Waltraud Wende, »Ästhetische Innovation – Zur Dekonstruktion etablierter Erzählstruktuen am Beispiel von Virginia Woolf, Nathalie Sarraute und Ingeborg Bachmann«, in: Gnüg/Möhrmann, *Frauen Literatur Geschichte,* s.o., S. 533

Es gilt die Feststellung von Simone de Beauvoir ... Simone de Beauvoir, *Das andere Geschlecht, Sitte und Sexus der Frau,* Reinbek: Rowohlt 1951

»Selbst im neunzehnten Jahrhundert lebte eine Frau beinah ausschließlich in ihrem Zuhause und in ihren Empfindungen«, schrieb Virginia Woolf. »Und jene Romane des neunzehnten Jahrhunderts ...« Virginia Woolf, »Frauen und erzählende Literatur«, *Frauen und Literatur,* Essays, Deutsch von Hannelore Faden und Helmut Viebrock, Frankfurt am Main: S. Fischer 1989, S. 12

… ergibt das »einen Blick aufs Leben durch anders geschliffene Gläser«, wie es Ruth Klüger formulierte … Ruth Klüger, »Vorwort«, *Was Frauen schreiben,* Wien: Paul Zsolnay Verlag 2010, S. 10

Charlotte Perkins Gilman arbeitet mit den Mitteln der Horrorgeschichte, und als solche wurde sie bei ihrem ersten Erscheinen auch gelesen. Erst nach Gilmans Wiederentdeckung … McGowan, s. o., S. 21

Das Haus, laut Joanna Russ »die wichtigste Institution des Patriarchats« … Joanna Russ, *To Write Like A Woman, Essays in Feminism and Science Fiction,* Bloomington und Indianapolis: Indiana University Press 1995, S. 161 f.

Die gelbe Tapete *ist eine »paradigmatische Geschichte über Flucht und Gefangenschaft« …* Sandra M. Gilbert und Susan Gubar *The Madwoman in the Attic, The Woman Writer and the Nineteenth-Cenutry Literary Imagination,* New Haven und London: Yale University Press 1984, S. 89–92

In dem Standardwerk Motive der Weltliteratur *aus dem Kröner Verlag, das zwanzig Seiten auf das Doppelgänger-Motiv verwendet, wird diese Variante jedoch nicht erwähnt …* Elisabeth Frenzel, *Motive der Weltliteratur, Ein Lexikon dichtungsgeschichtlicher Längsschnitte,* Stuttgart: Alfred Kröner Verlag 2015, S. 92–112

»Ich habe einen bürgerlichen Mann geheiratet, führe einen bürgerlichen Haushalt und muss mich entsprechend benehmen … Marlen Haushofer, *Die Mansarde,* Roman, Berlin: Ullstein 2019, S. 47

… war die Wand für Haushofer, wie sie in einem Interview sagte, »eigentlich ein seelischer Zustand, der nach außen plötzlich sichtbar wird« … Marlen Haushofer im Gespräch mit Raimund Lackenbucher, in: *Marlen Haushofer, Die Wand, Reclam Erläuterungen und Dokumente,* Stuttgart: Reclam 2012, S. 27

Die Glasglocke *thematisiere nicht zuletzt, schreibt Jia Tolentino in ihrem großartigen Essay »Pure Heldinnen« …* Jia Tolentino, »Pure Heldinnen«, *Trick Mirror, Über das inszenierte Ich,* Frankfurt am Main: S. Fischer 2021, S. 122–160

»Mein erster Impuls, zu schreiben, entstand dadurch, dass ich mich eingesperrt fühlte ... Ariana Harwicz in: »Fiktionen ohne Hoffnung« von Peter B. Schumann, *DLF Kultur,* 31.1.2021

»Folgen eines nicht gelebten Lebens, einer nicht akzeptierten Mutterschaft und unterdrückter Sexualität«, wie es in einer Radiobesprechung hieß ... Peter B. Schumann, »Fiktionen ohne Hoffnung«, *DLF Kultur,* s. o.

Es ist eine Geschichte, die in Indien spielt, die sich aber, wie die *Kirkus Review* schrieb ... »This is a story that could take place in any culture at any time period«, *Kirkus Review,* 13.1.2020, URL: https://www.kirkusreviews.com/book-reviews/meena-kandasamy/when-i-hit-you/

Entscheidend für die Heldinnenreise ist, anders als für die klassische Heldenreise, die eigene Identität im Konflikt mit sich selbst zu finden ... Katrin Merkel, »The Heroine's Journey«, *Wendepunkt,* Verband für Film- und Fernsehdramaturgie e. V., 5.11.2016, Berlin, No. 36

... ist in den letzten Jahren gerade von Frauen eine nonfiktionale Form wieder verstärkt zur Selbsterkundung und -positionierung genutzt worden: die des Essays ... Simon Sahner, »Sich selbst entwerfen – Non-fiktionales Schreiben als Emanzipation«, *yourbook,* URL: https://yourbook.shop/articles/Sich-selbst-entwerfen-Non-fiktionales-Schreiben-als-Emanzipation--94f979bc-5905-4a63-9297-63dc30e0af3b

Virginie Despentes lässt aus diesem Grund nur ihren Nachnamen auf die Cover ihrer Bücher drucken ... Virginie Despentes im Gespräch mit Gabriela Herpell, »Schreiben ist wie Licht machen«, in: *Süddeutsche Zeitung Magazin,* 17.10.2018, URL: https://sz-magazin.sueddeutsche.de/literatur/schreiben-ist-wie-licht-machen-86206

Auf den Romanen der Autorin A. M. Homes stehen deshalb bis heute nur ihre Initialen ... »In conversation: Jeanette Winterson talks to

AM Homes«, *The Guardian,* 2.11.2012, URL: https://www.theguardian.com/books/2012/nov/02/jeanette-winterson-am-homes-conversation

Genau wie J.K. Rowling, der, als sie anfing, gesagt wurde, mit einem weiblichen Vornamen würde sie nicht von Jungen gelesen werden ... »In conversation: Jeanette Winterson talks to AM Homes«, s.o.

Mit der Vorstellung einer lebensunfähigen, von Männern abhängigen Frau, die doch nie so gut sein würde wie diese, wollte sie nichts zu tun haben, wie sie schreibt ... Antonia Baum, »Das Problem ist das Problem«, in *Schreibtisch mit Aussicht, Schriftstellerinnen über ihr Schreiben,* hg.v. Ilka Piepgras, s.o., S. 76–92

BANAL, KITSCHIG, TRIVIAL – WIE AUTORINNEN BESPROCHEN WURDEN UND WERDEN

Erstere lobten Inhalt, Sprache und Moral von »Ellis Bell«, beim selben Roman von Emily Brontë ... Carol Ohmann, »Emily Brontë in the Hands of Male Critics«, in: *College English 32, 8* (1971), S. 906–913

Selbst noch die Literaturgeschichten (und keinesfalls nur christlich geprägte) setzten den Text in ein Verhältnis zum Anstand der Autorin ... Ortrun Niethammer, s.o.

Vom »vorwitzigen Weibchen« und vom »Monster« war da, auch in deutschsprachigen Nachrufen, die Rede ... Verena Auffermann, »Traurigkeit – komm, Traurigkeit«, in: Dies.u.a. (Hg.), *Leidenschaften: 99 Autorinnen der Weltliteratur,* München: C. Bertelsmann 2009, S. 487–492; außerdem: Kristina Maidt-Zinke, »So charmant war dieses Monster«, in: *Süddeutsche Zeitung,* 27.9.2004

*... erkennen heutige Leser*innen wie Rachel Cusk in dem Roman »ein meisterhaftes Porträt früher menschlicher Bindungen und Bedürfnisse« ...* Rachel Cusk, »On Françoise Sagan«, in: Dies.: *Coventry,* London: Faber & Faber 2019, S. 209–217, hier S. 214 (eigene Übersetzung)

… *wurde Autorinnen, die sich kritisch mit der gesellschaftlichen Realität auseinandersetzten, wiederholt ein ›böser Blick‹ unterstellt* … Rita Morrien, »›Böse Blicke.‹ Der Gesellschaftsroman von Frauen nach 1945«, in: Gnüg/Möhrmann, *Frauen Literatur Geschichte,* s. o., S. 496–515

… *Gegenstück zu diesem »bösen Blick« ist der »zärtliche Blick«* … Antje Schmidt, »Weibliche Empfindsamkeit vs. männliches Genie – Die Fiktion zärtlicher Autorinnenschaft«, in: *54 Books,* 22.7.2020, URL: https://www.54books.de/weibliche-empfindsamkeit-vs-maennliches-genie-die-fiktion-zaertlicher-autorinnenschaft/

… *»Endlose Abhandlungen über Potenz- und Prostataprobleme gelten jedes Jahr als nobelpreisverdächtig* … Tanja Dückers, »Die subtile Machtausübung der Männer«, in: *Deutschlandfunk Kultur,* 24.5.2018. URL: https://www.deutschlandfunkkultur.de/sexismus-im-literaturbetrieb-die-subtile-machtausuebung-der.1005.de.html?dram:article_id=418549

»Wen interessiert, was die Frau denkt, was sie fühlt, während sie menstruiert? … Marcel Reich-Ranicki, zitiert in: »Ihr könnt mein Hirn haben«, in: *Süddeutsche Zeitung,* 22.6.2010, URL: https://www.sueddeutsche.de/kultur/literatur-ingeborg-bachmann-preis-ihr-koennt-mein-hirn-haben-1.959192

Das ist es, was Joanna Russ in How to Suppress Women's Writing *»double standard of content« nennt* … Joanna Russ, *How to Suppress Women's Writing,* s. o.

… *dass bestimmte Texteigenschaften in der Literaturkritik klar männlich oder weiblich konnotiert sind* … Veronika Schuchter im Gespräch mit Tanya Lieske, »Der Kanon ist einfach ein männlich dominierter«, in: *Deutschlandradio,* 19.7.2018. URL: https://www.deutschlandfunk.de/gender-und-literatur-der-kanon-ist-einfach-ein-maennlich.700.de.html?dram:article_id=423310

Die Autorin Isabelle Lehn sieht darin keine Lösung ... Isabelle Lehn, »Weibliches Schreiben in der weiblichen Gegenwartsliteratur«, s. o.

Auch heute noch spüre man, so Mithu M. Sanyal, dass man »als Frau, die selber schriftstellerisch aktiv wird, etwas tut, was ihrer Geschlechterrolle nicht angemessen zu sein scheint« ... Mithu M. Sanyal im Gespräch mit Carolin Callies, »Gebären ist ein Synonym für alle Formen des Schaffens«, in: *Poetin* 25 (2019), S. 249

Bereits der weibliche Wunsch, zu schreiben, das Einnehmen einer eigenständigen Perspektive ... Lehn, s. o.

Wenige Wochen bevor bekannt gegeben wurde, dass Inger-Maria Mahlke für ihren Roman Archipel *den Deutschen Buchpreis 2018 erhalten würde, erschien im* Spiegel *ein Porträt der Autorin* ... Takis Würger, »Überzeugungstäterin«, in: *Der Spiegel* 39, 22.9.2018

Als 2014 nach mehreren Erzählungsbänden der erste Roman von Judith Hermann erschien, Aller Liebe Anfang, *druckte die* FAZ *eine Rezension* ... Edo Reents, »Stella oder das Märchen vom Stalker«, in: *Frankfurter Allgemeine Zeitung,* 29.8.2014

... *wurde im* Lesenswert Quartett *des* SWR *von vier Kritiker*innen besprochen* ... Alle Zitate in: *SWR Lesenswert Quartett* vom 15.12.2020, URL: https://www.swrfernsehen.de/lesenswert/lesenswert-quartett-112.html

Ein Blogger und Radiokritiker bezeichnete Miroloi *als »naives Jugendbuch« und* ... Jan Drees, »Klagelied für die Literatur«, *Deutschlandfunk,* 19.8.2019, URL: https://www.deutschlandfunk.de/karen-koehler-miroloi-klagelied-fuer-die-literatur.700.de.html?dram:article_id=456679

In der FAZ*-Kritik von Simone Hirths Roman* Das Loch *wird zu diesem Zweck sogar behauptet* ... Anton Thuswaldner, »Was einem da entgegenzwitschert«, in: *Frankfurter Allgemeine Zeitung,* 6.8.2020

»Wo wäre das jetzt zu verorten«, heißt es in der taz*-Besprechung von* Miroloi … Moritz Baßler, »Schönheit, Stil und Geschmack«, in: *taz,* 19.8.2019, URL: https://taz.de/Neue-Massstaebe-der-Gegenwartsliteratur/!5615852/

Der Ausschluss von weiblichen Texten aus der Sphäre der ›hohen Literatur‹ läuft, historisch betrachtet … Joanna Russ, *How to Suppress Women's Writing,* s. o., S. 48

… er glaube, die Geste des Großkritikers, der von einem Werk gelangweilt sei und es im großen Schwung aburteile, sei mittlerweile vorbei … David Hugendick in »Wie bespricht man Vielfalt?«, *Lakonisch Elegant, Der Kultur-Podcast, DLF Kultur,* 14.1.2021

… Artikel über angebliche »Fräuleinwunder« … Volker Hage, »Ganz schön abgedreht«, in: *Der Spiegel* 12, 22.3.1999

Misogynie, die in einer Kultur latent vorhanden war oder schlummerte, kann sich manifestieren … Kate Manne, *Down Girl, Die Logik der Misogynie,* Berlin: Suhrkamp 2019, S. 177

»Es ist jedoch wahrscheinlich, daß im Leben wie in der Kunst die Werte einer Frau« … Virginia Woolf, »Frauen und erzählende Literatur«, s. o., S. 15

Und Simone Hirths Figur ist dem FAZ*-Kritiker nicht »bescheiden« genug. »Gleich an die ganz Großen« müssen sie sich wenden …* Anton Thuswaldner, »Was einem da entgegenzwitschert«, s. o.

»Wirklich unerträglich« sei es, »dass diese Ich-Erzählerin die Gründe für ihr soziales Scheitern, für ihr berufliches Scheitern als Schülerin überall sucht … Denis Scheck im *SWR Lesenswert Quartett vom* 15.12.2020, s. o.

… sieht den Grund darin, dass sich die in den Werken beschriebenen Traumata mit der Weltsicht derjenigen, die den öffentlichen Diskurs beherrschten, nicht vereinbaren ließen … McGowan, s. o.

Das sei »ein Überlebenskampf« gewesen, »ob ich als Autorin danach überhaupt noch einen Atemzug tue«, sagt sie … Marlene Streeruwitz im Gespräch mit Nicole Seifert, »Das war der Versuch der Vernichtung«, 27.6.2020, NachtundTag.blog, URL: https://nachtundtag.blog/2020/06/27/das-war-der-versuch-der-vernichtung/

Sie stellt fest, dass ihr erster, in der FAZ *so verrissener Roman von einer Frau erzählt, die autonom sei, die nur noch Rücksicht auf sich selbst nehme* ... Judith Hermann im Gespräch mit Julia Encke, »Ich bin von jeder Ankunft weit entfernt«, FAZ, URL: https://www.faz.net/aktuell/feuilleton/buecher/autoren/interview-judith-hermann-ueber-ihr-buch-lettipark-14244080.html

Diese Ignoranz, diese männliche Rezeptionsignoranz von weiblicher Kunst oder Literatur ... Julia Franck, *Frauen in Kultur und Medien,* Deutscher Kulturrat e. V. (Hg.), Berlin 2016, S. 457

»Der Zutritt der Frauen in die Medienwelt« sei »eine von Mannes Gnaden« ... *Iris* Radisch, »Die alten Männer und das junge Mädchen«, *Die ZEIT,* 18.2.2010

ES ZÄHLT NUR DIE QUALITÄT! – ÜBER EIN FADENSCHEINIGES ARGUMENT

»Wir machen Literatur, nicht Männer und/oder Frauen. Entscheidend ist allein die Qualität und nicht das Geschlecht« ... Joachim Unseld, zitiert in: »Es braucht keine Genderaufsicht«, *Die Welt,* 27.1.2020

In einem Radiotalk zum Thema im selben Monat sagte der Leiter eines deutschen Literaturhauses, er versuche bei der Programmplanung »nicht krampfhaft« zu entscheiden ... »Autorinnen gesucht – wie männlich ist der Literaturbetrieb?«, Carsten Otte im Gespräch mit Susanne Krones, Rainer Moritz und Nicole Seifert, *SWR 2 Forum,* 21.1.2020

Knapp zwei Wochen nach besagtem Tweet veröffentlichte er ... Stephen King, »The Oscars are still rigged in favor of white people«, *Washington Post,* 27.1.2020

Susanne Krones, die Programmleiterin eines deutschen Verlages, machte darauf aufmerksam, was passiert, wenn die Auswahl von Manuskripten anonymisiert wird … »Autorinnen gesucht – wie männlich ist der Literaturbetrieb?«, *SWR 2 Forum,* s. o.

Anonyme Auswahlverfahren gibt es seit den Siebzigerjahren auch bei amerikanischen Orchestern … Curt Rice, »How blind auditions help orchestras to eliminate gender bias«, *The Guardian,* URL: https://www.theguardian.com/women-in-leadership/2013/oct/14/blind-auditions-orchestras-gender-bias

… spricht auch ein Experiment, dass die amerikanische Autorin Catherine Nichols gemacht hat … Cornelia Wilhelmina Koolen, *Reading beyond the Female, The relationship between perception of author gender and literary quality,* Amsterdam: University of Amsterdam 2018, S. 14

Für Großbritannien und die USA des neunzehnten und der ersten Hälfte des zwanzigsten Jahrhunderts belegten Elaine Showalter und Joanna Russ … Elaine Showalter, *A Literature of Their Own, From Charlotte Brontë to Doris Lessing,* London: Virago Press 1978; Joanna Russ, *How to Suppress Women's Writing,* s. o.

Auch in Deutschland hat die Literaturwissenschaft in den letzten Jahrzehnten nachgewiesen … Vgl. z. B. Heydebrand/Winko; Gnüg/Möhrmann; *Handbuch Kanon und Wertung,* alle s. o.

Eine neuere wissenschaftliche Arbeit aus den Niederlanden … Cornelia Wilhelmina Koolen, *Reading beyond the Female,* s. o.

*Je höher ein*e Autor*in auf der literarischen Erfolgsleiter klettert, desto wahrscheinlicher ist es, dass es sich um einen Mann handelt …* Koolen, s. o., S. 43

Die Wahrscheinlichkeit, dass eine niederländische Autorin im Literaturteil einer Zeitung besprochen wird oder einen Literaturpreis erhält, liegt den Erhebungen zufolge deutlich unter 50 Prozent … Koolen, s. o., S. 44

Ein weiteres Experiment hat gezeigt, dass das holländische Lesepublikum zwar glaubt, dass Frauen genauso in der Lage seien, literarisch zu schreiben wie Männer, dass es literarische Autorschaft jedoch zugleich mit Männlichkeit assoziiert ... Koolen, s.o., S. 310

Eine Antwort darauf gibt eine Analyse von über 10.000 Rezensionen, die seit dem Jahr 2000 in der New York Times Sunday Book Review *erschienen sind ...* Koolen, s.o., S. 123

UND JETZT? EIN FAZIT

Es ist erst wenige Jahre her, da standen zwar auf der Longlist noch mehrere Autorinnen, auf der Shortlist dann aber kaum noch welche ... Website Deutscher Buchpreis, URL: https://www.deutscher-buchpreis.de/archiv

... weil die Annahme, jetzt seien die Autorinnen ja auf dem Vormarsch, nun laufe es ja von selbst, jahrhundertealt ist ... Koolen, s.o., S. 50

Zum Beispiel der amerikanische Autor Nathaniel Hawthorne, der sich 1855 in einem Brief an seinen Verleger über »diese verdammte Meute kritzelnder Frauen« beschwerte ... In einem Brief an seinen Freund und Verleger William D. Ticknor, Januar 1855: »America is now wholly given over to a damned mob of scribbling women, and I should have no chance of success while the public taste is occupied with their trash – and should be ashamed of myself if I did succeed.« In: Caroline Ticknor (Hg.), *Hawthorne and his Publisher,* Palala Press 2015, S. 119

... liegt der Anteil der Autoren in den Programmen literarischer Verlage noch immer bei rund zwei Dritteln ... Berit Glanz und Nicole Seifert, »Wenn es unterhaltsam wird, sind die Frauen dran«, s.o.

»Das berüchtigte Damendrittel«, das Nina George in den Ergebnissen mehrerer europäischer Studien immer wieder begegnet ... Nina George, »Gepflegtes Desinteresse an Schriftstellerinnen«, *Börsenblatt* 1.3.2021, URL: https://www.boersenblatt.net/

news/literaturszene/gepflegtes-desinteresse-schriftstellerinnen-167131

Auch in Deutschland verdienen Autorinnen der Statistik der Künstlersozialkasse zufolge rund ein Drittel weniger als ihre Kollegen ... KSK in Zahlen, Durchschnittseinkommen Berufsanfänger, URL: https://www.kuenstlersozialkasse.de/service/ksk-in-zahlen.html

»Wir brauchen nicht Frauen in führenden Positionen, wir brauchen feministische Frauen in führenden Positionen« ... Teresa Bücker, »Nur Utopien sind realistisch – Über eine feministische Zukunft«, Vorlesung an der Universität Bonn am 5.2.2020, URL: https://teresabuecker.de/2020/02/10/nur-utopien-sind-realistisch-ueber-eine-feministische-zukunft/

... diverse Studien zum Gesprächsverhalten in Gruppen erinnert, denen zufolge eine Frau mit hohem Redeanteil in einer Gruppe als aggressiv wahrgenommen wird ... Viola Schenz berichtet von entsprechenden Studien der Universitäten Yale und Princeton in: »Frauen, ergreift das Wort!«, *Süddeutsche Zeitung,* 3.2.2019, URL: https://www.sueddeutsche.de/karriere/job-meeting-diskussion-frauen-coaching-1.4301125; siehe außerdem die Studie »Gesprächsverhalten und Gesprächswahrnehmung innerhalb gemischtgeschlechtlicher Gruppen« von Anne-Brit Gäbel, Universität Greifswald

Es ist der Unterschied zwischen der Angst, ausgelacht zu werden, und der Angst, umgebracht zu werden ... Margaret Atwood, »Männer gestalten: Romanfigur Mann«, *Aus Neugier und Leidenschaft, Gesammelte Essays,* Berlin: Berlin Verlag 2017, S. 64f.

Oder wie der Journalist und Autor Till Raether es in seinem Podcast ausdrückte ... Alena Schröder und Till Raether, *Sexy und Bodenständig,* Folge 48: Männer und Frauen, URL: https://podcast249787.podigee.io/48-neue-episode

… so der Schriftsteller Alexander Graeff … »Diversität im Literaturbetrieb: Queere Autor*innen stören die herrschenden Strukturen«, Alexander Graeff im Gespräch mit Joachim Scholl, *DLF Kultur Lesart,* 4.2.2021

*Es geht nicht darum, sich gegen die Bücher von Männern zu entscheiden, es ist eine Entscheidung für die Bücher von Frauen, von LGBTQ-Autor*innen aller Geschlechter, für Schwarze Autorinnen und Autorinnen of Color …* Inspiriert von Charlott Schönwetter, »Why I don't read white men and you do not need to either«, URL: https://www.haveyouread.de/why-i-dont-read-white-men-and-you-do-not-need-to-either/ (meine Übersetzung)

»Wie würde sich diese Präsentation«, fragte Otoo dann, »von einer Präsentation eines Deutschlands unterscheiden … Sharon Dodua Otoo, Textland Salon Macht.Worte.Widerworte – Sprechen über Rassismus, Oktober 2020, Frankfurt am Main. Die Autorin hat mir ihre Präsentation freundlicherweise zur Verfügung gestellt.

… Die Mittel dazu waren teils radikal und wurden immer radikaler, als sich herausstellte … Alice Hasters, »Die Wut ist berechtigt«, *Süddeutsche Zeitung,* 23.3.2021

Wer Sorgearbeit leistet, kann nicht monatelang als »Schmuck-Eremitin« auf einer Insel arbeiten oder am anderen Ende des Landes ein Schreibstipendium wahrnehmen … Elisabeth R. Hager vom Autorinnen-Netzwerk Writing with Care/Writing with Rage, *DLF Kultur,* 17.6.2020, »Zwischen literarischer Produktion und Reproduktion«

Nina George schlägt vor, dass die Beteiligten gemeinsame Vergütungsregeln aufstellen … Nina George, s. o.

All das sind Stufen der Misogynie. Es ist eine Pyramide, deren breite Basis aus mangelnder Empathie für Frauen besteht … Wikipedia: »Misogynie«, das pyramidenförmige Schaubild befindet sich dort unter der Überschrift »Erscheinungsformen«, URL: https://de.wikipedia.org/wiki/Misogynie

Ruth Klüger schlug deshalb vor … in: Ruth Klüger, *Lesen Frauen anders?*, s.o., S. 17

Es ist ein sich selbst erhaltender Kreislauf … Koolen, s.o., S. 105

… machen, wie Isabelle Lehn schreibt, »Ehrlichkeit gegenüber der eigenen Erfahrung zum Maßstab« … Isabelle Lehn, »Weibliches Schreiben in der weiblichen Gegenwartsliteratur«, s.o.

… dass in unseren Lesegewohnheiten etwas zugleich Schädliches und Törichtes am Werk ist … Siri Hustvedt, »Keine Konkurrenz«, s.o., S. 168 f.

LESELISTE

ERWÄHNTE ROMANE, ERZÄHLUNGEN UND DRAMEN

Ninni Holmqvist, *Die Entbehrlichen,* Roman, Fischer Taschenbuch

Marlene Streeruwitz, *Verführungen,* Roman, Fischer Taschenbuch

Fanny Burney, *Evelina,* engl. Ausgaben oder auf Deutsch: Books on Demand

Sophie von La Roche, *Geschichte des Fräuleins von Sternheim,* verschiedene Ausgaben

Charlotte Brontë, *Jane Eyre,* verschiedene Ausgaben

George Eliot, *Middlemarch,* verschiedene Ausgaben

Vicki Baum, *Stud. chem. Helene Willfüer,* aktuell nur antiquarisch

Marieluise Fleißer, *Pioniere in Ingolstadt,* in: *Ingolstädter Stücke,* Suhrkamp

Gabriele Tergit, *Effingers,* Roman, Schöffling

Gabriele Reuter, *Aus guter Familie,* hg. von Katja Mellmann, LiteraturWissenschaft

Alice Walker, *Die Farbe Lila,* verschiedene Ausgaben

Alice Walker, *Meridian,* Roman, auf Deutsch derzeit nur antiquarisch

Zora Neale Hurston, *Mit ihren Augen sahen sie Gott,* Roman, Deutsch von Hans-Ulrich Möhring, Edition fünf

Kate Chopin, *Das Erwachen,* Roman, verschiedene Ausgaben

Harriet Ann Jacobs, *Erlebnisse aus dem Leben eines Sklavenmädchens,* Create Space Independent Publishing Platform

Ann Petry, *Die Straße,* Roman, Deutsch von Uda Strätling, Nagel & Kimche

Charlotte Perkins Gilman, *Die gelbe Tapete,* Erzählung, zweisprachige Ausgabe, Deutsch von Christian Detoux, Dörlemann

Claire Fuller, *Bittere Orangen,* Roman, Deutsch von Susanne Höbel, Piper

Claire Messud, *Wunderland,* Roman, Deutsch von Monika Baark, Hoffmann und Campe

Marlen Haushofer, *Eine Handvoll Leben,* Roman, dtv

Marlen Haushofer, *Die Mansarde,* Roman, Ullstein

Marlen Haushofer, *Die Wand,* Roman, Ullstein

Sylvia Plath, *Die Glasglocke,* Roman, Deutsch von Reinhard Kaiser, Suhrkamp

Ariana Harwicz, *Stirb doch, Liebling,* Roman, Deutsch von Dagmar Ploetz, C.H. Beck

Cho Nam-Joo, *Kim Jiyoung, Geboren 1982*, Roman, Deutsch von Ki-Hyang Lee, Kiepenheuer & Witsch

Mona Høvring, *Weil Venus bei meiner Geburt ein Alpenveilchen streifte,* Roman, Deutsch von Ebba D. Drolshagen, Edition fünf

Mona Høvring, *Was helfen könnte,* Roman, Deutsch von Ebba D. Drolshagen, Edition fünf

Isabelle Lehn, *Frühlingserwachen,* Roman, S. Fischer

Deniz Ohde, *Streulicht,* Roman, Suhrkamp

Meena Kandasamy, *Schläge, Ein Porträt der Autorin als junge Ehefrau,* Deutsch von Karen Gerwig, CulturBooks

Emily Brontë, *Sturmhöhe,* Roman, verschiedene Ausgaben

Françoise Sagan, *Bonjour Tristesse,* Roman, Deutsch von Rainer Moritz, Ullstein

Judith Hermann, *Aller Liebe Anfang,* Roman, S. Fischer

Simone Hirth, *Das Loch,* Briefroman, Kremayr & Scheriau

Karen Köhler, *Wir haben Raketen geangelt,* Erzählungen, dtv

Karen Köhler, *Miroloi,* Roman, dtv

Margaret Atwood, *Der Report der Magd,* Roman, Deutsch von Helga Pfetsch, Piper

Ursula LeGuin, *Freie Geister,* Roman, Deutsch von Karen Nölle, Fischer

Annie Ernaux, *Die Jahre, Der Platz, Eine Frau,* Deutsch von Sonja Finck, alle drei bei Suhrkamp

Tove Ditlevsen, *Kopenhagen-Trilogie: Kindheit, Jugend, Abhängigkeit,* Deutsch von Ursel Allenstein, alle drei bei Aufbau Verlag

ERWÄHNTE ESSAYS

Jia Tolentino, *Trick Mirror, Über das inszenierte Ich,* Deutsch von Margarita Ruppel, S. Fischer

Emilie Pine, *Botschafen an mich selbst,* Deutsch von Cornelia Röser, btb Verlag

Asal Dardan, *Betrachtungen einer Barbarin,* Hoffmann und Campe

Leslie Jamison, *Es muss schreien, es muss brennen,* Deutsch von Sophie Zeitz, Hanser Berlin

Rebecca Solnit, *Wenn Männer mir die Welt erklären,* Deutsch von Kathrin Razum und Bettina Münch, btb Verlag

Siri Hustvedt, *Eine Frau schaut auf Männer, die auf Frauen schauen, Essays über Kunst, Geschlecht und Geist,* Deutsch von Uli Aumüller und Grete Osterwald, Rowohlt

Virginia Woolf, *Frauen und Literatur, Essays,* Deutsch von Hannelore Faden und Helmut Viebrock, Fischer

Mary Beard, *Frauen und Macht, Ein Manifest,* Deutsch von Ursula Blank-Sangmeister, S. Fischer

Margaret Atwood, *Aus Neugier und Leidenschaft, Gesammelte Essays,* Deutsch von Christiane Buchner, Claudia Max und Ina Pfitzner, Piper

Özlem Özgül Dündar, Mia Göhring, Ronya Othmann u. a. (Hg.), *Flexen, Flâneusen* schreiben Städte,* Verbrecher Verlag

Fatma Aydemir, Hengameh Yaghoobifarah (Hg.), *Eure Heimat ist unser Albtraum,* Ullstein

Ilka Piepgras (Hg.), *Schreibtisch mit Aussicht, Schriftstellerinnen über ihr Schreiben,* Kein und Aber

ICH DANKE …

Kerstin Gleba für die wichtige Weichenstellung zu Beginn, Elisabeth Ruge für den entscheidenden Hinweis in allen Zweifelsfällen und Mona Lang dafür, dass sie für diese Buchidee gebrannt hat und mich mit so viel Klarheit und Gelassenheit durch dieses Schreibprojekt gelotst hat

Michelle Janßen für unverzichtbare Hilfe bei der Recherche und Berit Glanz, Magda Birkmann, Nina George, Till Raether, Sarah Raich und Simon Sahner für Literaturtipps und Inspiration

Nicole Kiendl, Roxane Dänner und Magda Birkmann für das kritische Lesen des Manuskripts und wertvolle Hinweise

Julia Krumhauer, Lena Kleiner und Bettina Arlt von Favoritbüro und Hannerose Mandik für die Gestaltung des Buches, Nadja Schreiber für die Pressearbeit und den Vertreter*innen und allen anderen bei Kiepenheuer & Witsch, die sich für dieses Buch starkmachen

Meinem Mann fürs Lesen der Kapitel, die vielen Gespräche und dafür, dass er mir beim Schreiben den Rücken freigehalten hat; und meiner Mutter fürs Dasein in diesem speziellen Schreibjahr

Nicole Seifert ist promovierte Literaturwissenschaftlerin und gelernte Verlagsbuchhändlerin. Nach mehreren Jahren im Lektorat verschiedener Buchverlage arbeitet sie seit Langem frei als Übersetzerin und Autorin. Ihr Blog *Nacht und Tag,* der sich ausschließlich mit Schriftstellerinnen beschäftigt, wurde 2019 mit dem Buchblog Award des Börsenvereins des deutschen Buchhandels ausgezeichnet.

DAS BUCH

Banal, kitschig, trivial – drei Adjektive, mit denen das literarische Schaffen von Frauen seit Jahrhunderten abgewertet wird. Während Autoren Tausende von Seiten mit Alltagsbeschreibungen füllen und dafür gefeiert werden, wird Schriftstellerinnen, die Ähnliches unternehmen, Befindlichkeitsprosa vorgeworfen. Nicole Seifert ist angetreten, die frauenfeindlichen Strukturen im Literaturbetrieb aufzuzeigen. Denn von vielen von Frauen verfassten Büchern hören wir erst gar nicht, weil Zeitungs-, Radio- und Fernsehredaktionen und noch davor Buchverlage eine entsprechende Vorauswahl treffen. Vom Deutschunterricht bis zum Germanistikstudium ist der Autorinnenanteil noch immer verschwindend gering, und so lernen wir von Anfang an: Was literarisch wertvoll ist, stammt von Männern.

Nachdem Nicole Seifert drei Jahre lang ausschließlich Literatur von Frauen – Klassiker wie Zeitgenössisches, Bekanntes wie Unbekannteres – gelesen hat, ist klar: Die viel beschworene »Qualität« ist nicht das Problem. Im Gegenteil: Wir verpassen das Beste, wenn wir in unseren Bücherregalen nicht endlich eine Frauenquote einführen.

Aus Verantwortung für die Umwelt hat sich der
Verlag Kiepenheuer & Witsch zu einer nachhaltigen Buchproduktion verpflichtet. Der bewusste Umgang mit unseren Ressourcen, der Schutz unseres Klimas und der Natur gehören zu unseren obersten Unternehmenszielen.

Gemeinsam mit unseren Partnern und Lieferanten setzen wir uns für eine klimaneutrale Buchproduktion ein, die den Erwerb von Klimazertifikaten zur Kompensation des CO_2-Ausstoßes einschließt.

Weitere Informationen finden Sie unter:
www.klimaneutralerverlag.de

FSC
www.fsc.org
MIX
Papier aus verantwortungsvollen Quellen
FSC® C083411

Verlag Kiepenheuer & Witsch, FSC® N001512

2. Auflage 2021

Covergestaltung FAVORITBUERO, München
Foto der Autorin © Sabrina Adeline Nagel
Gesetzt aus der Bely von Roxane Gataud
und der Hurme Geometric Sans No.1 von Toni Hurme
Satz Buch-Werkstatt GmbH, Bad Aibling
Druck und Bindung CPI books GmbH, Leck
ISBN 978-3-462-00236-2